北京市“人才强教计划”（PHR200907123）项目资助成果
北京市教委人文社科项目“北京市房地产业与金融业产业关联度研究（SM20091003811）”成果

北京市房地产业的社会经济效应

刘水杏　张凌云　贾　卓　常潇琳　著

中国建筑工业出版社

图书在版编目（CIP）数据

北京市房地产业的社会经济效应/刘水杏，张凌云，贾卓，常潇琳著．—北京：中国建筑工业出版社，2010. 11

ISBN 978-7-112-12483-1

Ⅰ.①北… Ⅱ.①刘…②张…③贾…④常… Ⅲ.①房地产业-社会效应-研究-北京市②房地产业-经济效益-研究-北京市 Ⅳ.①F299. 271

中国版本图书馆 CIP 数据核字（2010）第 184111 号

责任编辑：封毅
责任设计：肖剑
责任校对：马赛　赵颖

北京市“人才强教计划”（PHR200907123）项目资助成果
北京市教委人文社科项目“北京市房地产业与金融业产业关联度研究（SM20091003811）”成果

北京市房地产业的社会经济效应

刘水杏　张凌云　贾　卓　常潇琳　著

*

中国建筑工业出版社出版、发行（北京西郊百万庄）
各地新华书店、建筑书店经销
北京千辰公司制版
北京建筑工业印刷厂印刷

*

开本：787×960 毫米　1/16　印张：8½　字数：182 千字
2011 年 1 月第一版　2011 年 1 月第一次印刷
定价：**22. 00** 元
ISBN 978-7-112-12483-1
（19740）

摘　　要

目前，我国房价、地价偏高，房地产过热引起社会各界热议，北京此问题更为突出，在中国极具典型性和代表性，如何保证该地区房地产业与国民经济的平稳发展意义重大。实际上，这其中有一个关键问题亟待从理论和实践上给以明确，即房地产业与国民经济到底是什么关系，房地产业是否是国民经济的主导产业，如果是主导产业，是不是一定意味着价格高位运行、发展过热直至泡沫？本书以此问题为核心，对北京市房地产业的社会经济效应作深入的量化研究，以期对北京市未来房地产业的正确定位和进一步发展及保障北京市整体经济的健康稳定提供参考。

房地产业对国民经济的重要性在于：一是对国民经济的贡献与影响，反映房地产业在国民经济中的地位与作用；二是对相关产业的波及和带动，反映国民经济内部结构。在经济发展的同时，房地产业也具有较大的外部性，产生明显的社会效益或社会成本，如促进或抑制就业、满足居住需求、提升或降低居民生活成本和质量、美化或污染环境、吸引或排斥人力资源等。

本书以房地产业发展与宏观经济关系、与相关产业、与社会就业等的相关理论为指导，在定性分析北京市房地产业在宏观层面和微观层面的主要效应及其发展背景和特点的基础上，着重运用相应的计量模型系统全面地测算和系统地分析北京市房地产业的社会经济效应。

在经济效应方面，本书将从两个角度测算：一是测算北京市房地产业对相关产业的带动效应，客观地分析北京市房地产业的产业链及其波及范围和影响程度，从国民经济的内在结构——产业结构上审视和评价该产业的实际作用；二是测算北京市房地产业对国民经济的贡献率，分析该产业对整体经济的重要作用及其在国民经济中所处的地位。

在社会效应方面，本书重点对该产业发展所带动的社会就业效应进行量化研究。按照主导产业理论，一个产业要成为主导产业，一方面要具备产业关联度大、能带动其他产业发展、扩散效应明显的条件，另一方面要具备产业自身发展较快且在国民经济中占有一定的比重，同时该产业能吸纳新技术和有广泛的社会效应的条件。最后，本书依据测算结果对北京市房地产业的产业定位做出判断，并提出相应的促进房地产业健康发展和保障首都社会经济稳定的对策建议。

1. 关于北京市房地产业对相关产业的带动效应

研究思路和主要内容是：整个国民经济活动是由各个不同产业组成的复杂系统，每个产业的发展都会对其相关产业的发展产生不同程度的连锁反应，从而影响国民经济的整体协调发展。房地产业对其相关产业产生的效应主要有后向关联效应和前向关联效应，后向关联效应是房地产业对直接或间接地向本产业供给生产要素的产业产生的影响，房地产业对该产业主要产生需求拉动作用；前向关联效应是房地产业对直接或间接地需求本产业产品或服务的产业产生的影响，房地产业对该产业主要产生供给推动作用。由于产业之间的关联关系非常复杂，常常通过需求和供给相互影响。这样，房地产业对相关产业的带动效应是指房地产业通过需求拉动和供给推动产生的总效应。本著作以北京市国民经济核算中的投入产出资料为基础数据，运用国际通用的投入产出模型测算房地产业对相关产业的波及范围和带动效应。

特别地，在剖析北京市房地产业与相关产业之间的结构的过程中，鉴于房地产业融资量大、融资周期长，与金融业有着天然的内在联系，加之北京市房地产业过度融资是一个突出的实践问题，本书专门对这两个产业的产业关联度进行量化研究，研究结果对避免由房地产业引发金融危机可能会具有重要的价值。

2. 关于北京市房地产业对国民经济的贡献率

研究思路和主要内容是：一个产业对国民经济的贡献率大小反映该产业在国民经济中的地位和作用，这对一个国家和地区制定正确的产业发展政策意义重大。房地产业对国民经济的总贡献率来自于两个方面：一是房地产业本产业对国民经济的直接贡献率；二是因房地产业发展带动相关产业发展而产生的对国民经济的间接贡献率。本书将采用增长值法等方法从产业增加值角度测算房地产业对国民经济的直接贡献率，用同样的方法测算房地产业相关产业对国民经济的贡献率，运用产业关联度对相关产业的贡献率进行修正，从而测算房地产业的间接贡献率。在此基础上，以理论和国际经验为标准判断北京市房地产业在国民经济中的实际地位。

3. 关于北京市房地产业对社会就业的带动效应

研究思路和主要内容是：就业是民生之本。扩大就业，促进再就业，关系一个国家的长治久安和稳定发展，制定产业发展政策除了应考虑该产业的经济效应，同时还要关注其就业效应。北京市房地产业对社会就业的总带动效应由两个部分构成，即房地产业自身对社会就业的吸纳与带动效应和通过影响其他产业发展而间接产生的就业效应。在就业效应测算中，本书主要运用就业产量弹性模型，即运用该模型测算北京市房地产业本产业的就业效应作为直接就业效应；其次运用就业产量弹性模型测算房地产业相关产业的就业效应，用投入产出模型测算出的产业关联度修正其他产业的就业效应作为北京市房地产业的间接就业效应。

上述研究内容在本书中共分为九章，第一章为导论，主要阐述本研究的目的、意义、国内外研究动态、研究内容及研究方法等。第二章和第三章阐述本书的研究理论和研究模型，本书以主导产业理论、产业关联理论、就业理论为指导，运用投入产出模型、就业产值弹性模型等测算北京市房地产业对相关产业的带动效应、对国民经济的贡献率、对社会就业的带动效应等房地产业社会与经济效应的重要衡量指标。第四章在阐述房地产业发展历程的基础上对北京市房地产业社会经济效应进行了定性分析。第五章从前向、后向、直接、间接等不同角度测算北京市房地产业对相关产业的带动效应，作为经济效应之一，测算结果显示，北京市房地产业对相关产业的波及面广、带动效应显著。鉴于北京市房地产业与金融业产业关联度较大，第六章专门对北京市房地产业与金融业的产业关联度作动态分析和地区比较，以求分析影响北京市房地产业健康运行的重要因素。第七章测算了北京市房地产业通过本产业及相关产业产生的对国民经济的总贡献率，作为经济效应之二，北京市房地产业对国民经济的贡献率较大。第八章测算了北京市房地产业对社会就业的带动效应，作为社会效应的重要衡量指标，测算结果显示，北京房地产业对社会就业的促进作用十分明显。第九章在北京市社会经济效应综合分析和测算的基础上，对北京市房地产业作出明确定位，并认为，把房地产业作为主导产业发展与房地产业自身发展过热不存在因果关系，最后，提出促进房地产业与国民经济协调发展的对策和建议。

本书的主要结论与观点

1. 北京市房地产业不仅产业链长、波及面广，对相关产业的带动效应十分明显，而且对国民经济的贡献率大，在国民经济中占有十分重要的地位，因此，北京市房地产业的经济效应十分显著。

从产业链看，北京市 42 个产业中有 40 个产业与房地产业有关联，其中密切关联的产业有 16 个，金融业名列前茅。从贡献率看，房地产业对国民经济的贡献率来自于两个方面，一是房地产业本产业对国民经济的直接贡献率；二是因房地产业发展带动相关产业发展而产生的对国民经济的间接贡献率。首先，本书运用增长值法从产业增加值角度测算房地产业对国民经济的直接贡献率，采用增长拉动率法测算房地产业对国民经济的贡献百分点（即增长拉动率）；其次，文章充分考虑产业关联效应，运用投入产出法测算房地产业通过产业链产生的对相关产业的带动效应，进而测算间接贡献率；最后，测算房地产业对国民经济的总贡献率，较全面地定量分析北京市房地产业对宏观经济的贡献。测算结果显示，1999～2008年间，北京市房地产业对国民经济的直接贡献率为6.66%、间接贡献率为10.13%、总贡献率为16.79%。

2. 北京市房地产业对就业的带动效应较大，显示该产业的社会效应显著。

测算结果显示，北京市房地产业对就业影响力的总效应弹性区间范围在81.34%～111.19%，其中，房地产业本产业产生的直接就业带动效应为67.1%，通过产业链产生的间接就业带动效应为14.24%～44.09%，表明房地产业产值每变动1%，直接、间接带动就业总量弹性在81.34%至111.19%之间，北京市房地产业社会就业的吸纳能力很强，带动效应显著。

3. 依据主导产业理论，北京市房地产业无疑是该地区的主导产业之一。

尽管目前学界关于房地产业能否作为国民经济的主导产业的问题仍有很多不同的声音，存在很大争议，但通过对北京市房地产业对国民经济贡献率及对相关产业的带动效应测算，依据主导产业理论及判别标准（即主导产业对国民经济贡献率大且对相关产业带动效应明显，另据经验标准，即一个产业的产值规模至少达到GDP的5%才可能成为主导产业判断，特别是，北京市房地产业的社会就业效应十分明显），我们认为，当前北京市房地产业远远超出了这些标准，多年来的确是北京市国民经济的主导产业。并且，由于目前尚未有其他产业替代房地产业，因而，从未来发展看，在一定时间内，北京市房地产业依然可作为主导产业。

4. 北京市房地产业作为主导产业与目前房地产业发展过热并无因果关系，而是房地产业发展中市场供给、需求及监管都存在诸多问题所导致的综合性结果。

在供给上，土地一级市场的垄断和“价过高者得”的单一出让标准使得土地价格上涨有了可能。在需求上，房地产市场的投资性需求过旺，真正的居住性需求被排挤在市场以外，由此进一步抬升了房价。特别是从房地产业与金融业过高的产业关联度看，金融业从供给和需求双向为房地产业提供了资金保障，使得北京市房地产业的高价运行势在必行。在管理层面，政府在房地产市场上仍然具有举足轻重的主导地位，政府部门和房地产企业的产权主体以及房地产项目的投资主体之间有着或明或暗、千丝万缕的联系，从而使房地产市场政策性浓厚，运行机制不畅，垄断经营，房地产高价运行在所难免。

本书是国内第一本系统研究北京市房地产业与国民经济相互关系的专著，其创新性内容主要包括：

（1）选题与研究角度新颖。首先，尽管目前国内外关于房地产业的研究并不少见，研究角度也很多，但尚未从宏观层面综合开展北京市房地产业社会经济效应的定量研究。其次，理论界关于房地产业是否是国民经济主导产业的争论比较激烈，且尚无定论，本书通过量化研究方法从经济的社会的角度进行系统分析。

（2）北京市房地产业对国民经济的贡献率、对相关产业的带动效应、对社会就业的促进作用等重要的房地产业地位和作用的判断指标均有了全面和准确的量化研究结果。

（3）北京市房地产业有了明确的产业定位，过去是且未来一定时间内仍应作为国民经济的主导产业，但主导产业的发展不应单一地以经济效益为目标，而应兼顾社会效应和环境效应等综合效应。同时认为，目前北京市房地产业过热与房地产业主导产业地位之间不存在因果关系，应从多种角度促进北京市房地产业健康发展和保障国民经济协调稳定运行。

目　录

第一章　导　　论

第一节　研究意义与目的

房地产业属于第三产业范畴，是指从事房地产开发、经营、销售、租赁等活动而取得经济效益的行业。房地产业是我国经济增长中投资和消费两驾“马车”的重要支撑点，它对国民经济的重要性在于：一是对国民经济的贡献与影响，反映房地产业在国民经济中的地位与作用；二是对相关产业的波及和带动，反映国民经济内部结构。在经济发展的同时，房地产业也具有较大的外部性，产生明显的社会效益，如促进就业、满足居住需求、美化环境等。

目前，我国房价、地价偏高，房地产过热引起社会各界热议，北京此问题更为突出，在中国极具典型性和代表性，如何保证该地区房地产业与国民经济的平稳发展意义重大。实际上，这其中有一个关键问题亟待从理论和实践上给以明确，即房地产业与国民经济到底是什么关系，房地产业是否是国民经济的主导产业，如果是主导产业，是不是一定意味着价格高位运行、发展过热直至泡沫？

在我国，理论界对于房地产业在国民经济中的地位和作用如何、房地产业能否作为国民经济的主导产业一直是一个研究热点并存有争议。一部分学者认为，房地产业是一个集资金、技术与劳力为一体的产业，具有产业链长、波及面广、创造就业能力强等特点，在国民经济中具有基础性和先导性作用，对于改善消费结构、改善人居环境、优化房地产资源配置、促进房地产业和国民经济的可持续发展十分重要，因而可作为国民经济重要的支柱性、主导性产业。另一部分学者则认为，在国民经济中起着支柱作用的应当是建筑业而非房地产业，尽管实践中房地产业发展迅猛且成效显著，但这纯粹是靠政府扶持的快速增长，且这种快速甚至是过热的增长态势又是以严重耗费土地、资金等珍贵资源为代价的，行业增长方式过于粗放，因此难以肩负支柱产业之大任。在此争论下，我国政府视房地产业为支柱产业，比如，自 1998 年国家将住宅业作为新的经济增长点，并相继出台了住房改革的新政策之后，房地产业得到了快速发展，其重要作用得以较为充分的发挥，特别是在 2003 年国务院 18 号文件（即《国务院关于促进房地产市场持续健康发展的通知》）中指出：“房地产业关联度高，带动力强，已经成为国民经济的支柱产业”。因此有人说，房地产业作为国民经济支柱产业的定位，成立于2003年的18号文件。

当前，我国房地产业总体上发展过热，北京、上海这样的特大城市尤甚，有人将此归咎于是把房地产业作为支柱产业过度发展所致。因此，从宏观层面分析房地产业与国民经济之间的关系、量化研究该产业在发展中所产生的经济与社会效应，客观地、深入地剖析房地产业发展过热与主导产业之间是否存在因果关系具有重要的理论意义和现实意义。

北京作为中国的首都、国际化大都市，房地产业发展在全国具有典型性和代表性，北京市房地产业的社会经济效应的综合研究对于确立北京市房地产业在国民经济中的地位和发展方向、优化产业结构、促进社会就业、保障该地区整体经济的健康运行意义重大。

本书将沿着“北京市房地产业是否是国民经济的支柱产业，如果是支柱产业，房地产业发展过热是否与支柱产业是因果关系，目前房地产业应该怎样发展”这样一条主线定量地、全面地量化研究北京市房地产业对国民经济及社会产生的多种效应，以期对北京市未来房地产业的正确定位和进一步发展及保障该地区整体经济的健康稳定提供参考。

第二节　房地产业及其相关概念界定

目前我国不同研究领域和研究目的的学者对房地产业的概念及其活动范围界定不一，因此，在研究房地产业与国民经济其他产业的关联关系之前有必要明确房地产业的概念范围；在产业社会经济效应测算之前还应明确产业关联度、产业对国民经济的贡献率等概念。

一、房地产业界定

房地产业的范围界定是深入分析房地产业与其相关产业关联关系的基础和关键。在理论上，目前尚未对房地产业作出一个统一确切的概念界定，在现实中，仍存在对房地产业的认识模糊以及房地产业活动范围划定不一的问题。

房地产业按照其活动范围大体可分为两种，一种是狭义的房地产业，是指以房地产为对象的开发经营、管理与服务等一系列经济活动的总称。目前我国国家统计局的统计口径与国外的房地产界定基本是一致的，都是这种狭义上的房地产业。另一种是广义的房地产业，即在狭义房地产的基础上把房地产开发投资包含在内。这种广义概念主要是从我国目前的国情出发，一方面房地产活动以开发投资为主，另一方面房地产经营与服务市场仍处于初级阶段，不十分活跃也不规范，若将房地产开发投资排斥在外而只统计房地产经营与服务，与我国涉及面广和规模大的房地产开发建设局面以及由此带动的经济增长量并不相符。

限于投入产出表中所规定的房地产业的统计口径，本书按照狭义上的房地产业进行分析。另外，从长远发展来看，我国房地产业也应与国际接轨，随着房地产开发投资的逐渐减少和房地产经营服务市场的不断繁荣和规范，房地产业应不包含房地产投资，房地产投资应属于建筑业。

二、房地产业与其相关产业关联度的界定

产业关联，指的是在国民经济中一个产业与其他产业之间的技术经济联系，即一个产业的发展对其相关产业的发展产生的不同程度的连锁反应，从而影响国民经济的整体协调发展。关联度是对关联关系的量化，指一个产业投入产出关系的变动对其他产业投入产出水平的波及程度和影响程度。

本书从产业之间供给与需求联系的角度，将房地产业与其相关产业间的关联关系分为三种，如图1-1所示。一是后向关联，即房地产业与向本产业供给生产要素的产业的关联（A框）；二是前向关联，即房地产业与需求本产业产品或服务的产业的关联（B框）；三是前向、后向关联，房地产业与那些既向本产业提供生产要素又将本产业产品或服务作为其生产要素的产业的关联（C框）。进一步的，每种关联关系中，因直接供给与需求产生的产业关联称为直接关联，因直接和间接共同作用供给与需求产生的关联关系称为完全关联。这样，产业之间的关联关系可细分为6种，即后向直接关联、后向完全关联、前向直接关联、前向完全关联、前向、后向直接关联和前向、后向完全关联。此外，房地产业的发展会对地区的其他方面产生影响，这种影响为旁侧效应（D框）。

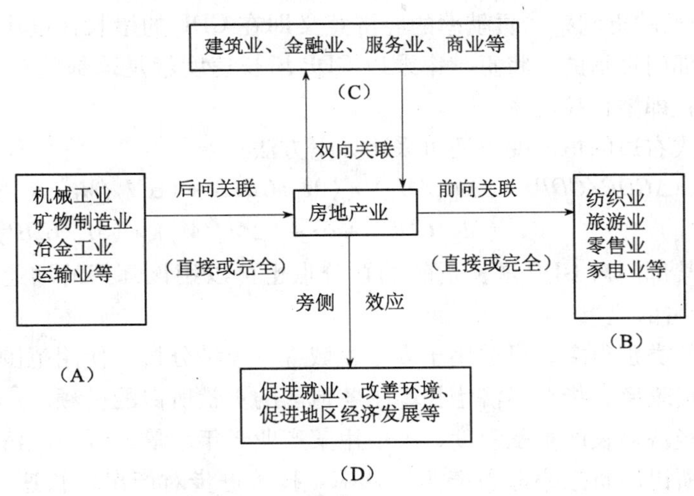

图1-1 房地产业与其相关产业的关联关系

本书将房地产业与其他产业在产业链上的结构关系，即后向关联、前向关联作为研究重点，运用投入产出模型进行量化分析，对房地产业的旁侧效应中的就业带动效应运用就业产值弹性模型进行测算。

三、房地产业对国民经济的贡献率

产业贡献率，表示某产业对经济增长的贡献程度，一般用某产业当年增量与国民经济增量之比表示。产业贡献率是贡献率理论中一个小的分支概念，是贡献率理论用于分析产业经济问题的具体实践。其计算公式可表示为：

产业贡献率＝某产业贡献量（增量或增长速度）/总贡献量（增量或增长速度）×100%

由于 GDP 是由国民经济中众多产业部门组成的，则假设 GDP 由 n 个部门的增加值加总构成，即

$$GDP = M_1 + M_2 + \cdots + M_n$$

进行恒等变换，即 GDP 的增量等于这几个部门的增量之和：

$$\Delta GDP = \Delta M_1 + \Delta M_2 + \cdots + \Delta M_n$$

两边同时除以 GDP，等式左边即为 GDP 的增长率：

$$\Delta GDP/GDP = \Delta M_1/GDP + \Delta M_2/GPD + \cdots + \Delta M_n/GDP$$

等式右边进行恒等变换，即：

$$\Delta GDP/GDP = (\Delta M_1/\Delta GDP) \times (\Delta GDP/GPD) + (\Delta M_2/\Delta GDP) \times (\Delta GDP/GDP) + \cdots + (\Delta M_n/\Delta GDP) \times (\Delta GDP/GDP)$$

等式右边每一项的值（$\Delta M_i/\Delta GDP$）×（$\Delta GDP/GDP$），表示该部门对 GDP 增长贡献的百分点，也称为该部门对经济增长的拉动率。其中 $\Delta M_i/\Delta GDP$ 为该部门对 GDP 增长的贡献率。贡献率的经济意义即在 GDP 的增长速度中，有百分之多少是由某部门贡献的，将贡献率乘以 GDP 增长速度就是该部门对 GDP 增长贡献的百分点，即增长拉动率。

以上等式右边的恒等变形还可采用如下方法：

$$\Delta GDP/GDP = (\Delta M_1/M_1) \times (M_1/GDP) + (\Delta M_2/M_2) \times (M_2/GDP) + \cdots + (\Delta M_n/M_n) \times (M_n/GDP)$$

可见，某部门对 GDP 增长贡献的百分点也可以用该部门的增速乘以该部门在 GDP 中所占的比重。

贡献率的类别很多，可被用于多个领域进行经济分析，使用范围广泛。宏观层面如地区贡献率，指在经济增长率中各地区的贡献所占的份额。产业贡献率表示某产业对经济增长的贡献程度，一般用某产业当年增量与国民经济增量之比表示。本论文所讲的贡献率即为产业贡献率。技术进步对产出增长速度的贡献率：这一指标指在产出增长过程中技术进步这一因素的作用大小，等于技术进步速度与产出增长速度的比值。社会贡献率：是衡量企业运用全部资产为社会创造或支付价值的能力。社会贡献率（%）＝社会贡献总额/平均资产总额×100%。其中社会贡献总额并没有一个标准的界定范围，为了反映企业对国家所作贡献的程度，一般包括工资、劳保退休统筹及其他社会福利支出、利息支出净额、应交增

值税、产品销售税金及附加、应交所得税及其他税、净利润等。微观层面如总资产贡献率：是财务领域常用的指标之一，反映企业资金占用的经济效益，说明企业运用全部资产的收益能力，等于利润总额、税金总额、利息支出三项之和与平均资产总额的比值。

本书将采用增长值法测算北京市房地产业对国民经济的贡献率，主要是根据房地产业增加值的增量占 GDP 增量的比重所得出的结果，它表示在国民经济增长速度中，房地产业贡献的百分比；采用增长拉动率法测算的房地产业对国民经济的拉动率，是指在既定的经济增长速度中，房地产业贡献的具体百分点。两种方法都反映了房地产业对国民经济的贡献：增长值法所得结果是个"度"的量化，体现了贡献程度；增长拉动率法所得结果更加直观，直接得出了房地产业所贡献的具体百分点。

第三节　研究动态综述

一、国内研究动态

1. 关于房地产业对相关产业的带动效应的相关研究

一直以来，我国对房地产业的关联作用很受重视，并且看法和评判基本一致，即房地产业产业链长、能带动多个相关产业的发展，1996～1998 年提出和明确的将住宅业作为新的经济增长点的说法就是基于房地产业具有产业关联度高、带动作用强的特点，能形成国民经济的成长链。随后房地产业和其他产业的结构问题成了热点，受到较为普遍的关注。房地产业对其他相关产业产生的效应有回顾效应、前瞻效应、旁侧效应等（张秋舫，1997）。2003～2006 年，中国房地产业对相关产业的前向、后向、环向等带动效应有了明确的量化研究结果，投入产出法计算结果显示，房地产业通过多种方式多层面地影响和带动其他产业，波及面广、产业链长，且有些产业与房地产业非常密切，如金融业（刘水杏，2006）。本书将运用同样的方法测算北京市房地产业与其相关产业的关联度，研究和分析北京市房地产业与各产业的产业结构。

鉴于金融业与房地产业相关程度高，加之我国近些年房地产业发展总体呈过热态势，国内对房地产业与金融业的关系研究是一个热点和重点，主要体现在如下几个方面：

（1）关于全国房地产业与金融业相关性研究

其中第一类是关于房地产业与金融业相互影响的文献。

此类文献的研究角度和方法有两种，一是通过选择房地产业和金融业的指示性指标，如房价、利率，来反映产业之间的联系；二是针对产业内部某一环节，如房地产业的开发投资环节，进行研究。未从产业总量和宏观层面上研究二者的关系。例如：

符淼（《我国房地产投资和宏观金融数据的协整分析》,《生产力研究》，2007年第4期）利用全国时间序列数据分析了房地产投资与宏观和金融因素之间长期协整关系，认为房地产开发投资的协整变量有房价、贷款额和利率，房地产销量的协整变量有利率和贷款额；开发投资、房价是利率和通货膨胀的因，而通货膨胀是房地产销量的因。该文献的研究角度是通过选择房地产业与金融业的几个代表性指标并分析指标间相互关系来反映二产业之间的关系。秦梓华〔《我国房地产市场与货币供给量关系的实证研究》，《甘肃联合大学学报》（社会科学版），2006年第3期〕利用协整检验和因果关系检验的方法研究了中国房地产市场价格、投资与货币供应量的关系，分析了货币市场和房地产市场的相互关系。实证分析结果表明，货币供给量能够影响房地产价格和投资，因此可以制定适宜的货币政策对房地产市场进行宏观调控。荣艺华〔《我国房地产价格对货币政策的冲击》,《中国金融》，2005年第11期〕认为，房地产信贷资金占比过高最终将影响我国的金融整体运行效率。全国工商联不动产商会房地产金融课题组〔《我国房地产宏观金融风险研究》,《财贸经济》，2006年第5期〕通过对房地产业中资金循环的三个环节以及影响房地产金融风险的宏观经济因素和制度因素的分析，研究了存在于我国房地产业中的宏观金融风险。通过与国际经验的比较，发现存在于我国房地产业中的宏观金融风险主要集中在开发企业环节，但是仍处于比较合理的范围内。易宪容（《银行加息对抑制投资过热的有效性分析》,《财经理论与实践》，2004年第4期）认为，中国投资过热的源头是高速增长的房地产投资产业，房地产的投资过热拉动了钢铁、水泥、电解铝等下游行业的迅速扩张，从而形成了我国固定资产投资的整体过热趋势。传统的中央银行的信贷收缩货币政策（特别是加息），无法从根源上解决投资过热问题。

第二类是侧重于研究房地产业与金融业协调发展对策的文献。

吴云飞（《中国房地产业应当努力发展多元化的融资渠道》，《学术研究》，2007年第4期）认为，以银行为主体的融资模式在使房地产业的发展受制于银行业的同时，也积累了大量的金融风险，为缓解“地产领域对资金需求的扩大与传统融资渠道变窄”之间的矛盾，应拓宽房地产信托融资、发行债券、上市发行股票等融资渠道。张晓晶、孙涛〔《中国房地产周期与金融稳定》,《经济研究》，2006年第1期〕认为，房地产业与金融业的协调与互动过程中，应努力解决银行业自身问题、规范地方政府行为以及有效监管外资进入中国房地产业。荣艺华〔《我国房地产价格对货币政策的冲击》,《中国金融》，2005年11期〕认为，政府应加强信贷监管，严格控制住房消费贷款，合理调整对第二套以上住宅的贷款利率，防止利用银行贷款进行房地产投机。谢百三、王巍〔《我国商业银行在房地产热潮中的两难选择》,《国际金融研究》，2005年第3期〕分析了商业银行在推动我国部分城市房地产繁荣中的作用，银行巨资进入房地产市场的利弊得失之后建议，应温和地平抑部分城市房地产过热、化解银行潜在风险。

第三类是房地产业和金融业关系的国际比较与借鉴的文献。

王坤、王泽森〔《香港银行业防范房地产信贷风险的经验及启示》，《金融理论与实践》，2006年第5期〕的研究发现，尽管房地产贷款是香港银行业的主要盈利来源，但在亚洲金融危机期间，香港物业价格大幅下跌，导致大量的负资产按揭贷款，然而香港银行业却依然稳健，没有出现银行倒闭或要求政府提供财政援助的情况。其秘密在于香港银行业及监管部门成功及时地采取了应对房地产价格波动的措施，香港银行业和房地产业的经验对于内地银行业防范房地产价格波动带来的危机有着重要的意义。刘水杏（《房地产业与相关产业关联度的国际比较》，《财贸经济》，2004年第4期）利用投入产出模型对OECD四国（美国、日本、英国、澳大利亚）房地产业和金融业的关系进行了国际比较，发现与发达国家相比，中国房地产业和金融业的关联度较高，需要进行优化产业结构。刘水杏（《中日房地产业与金融业关联度比较与启示》，《建筑经济》，2008年第3期）运用投入产出模型定量比较分析了中国和日本的房地产业与金融业的产业关联度，认为中国目前两个产业的关联度与日本20世纪末地产泡沫时期非常接近，应该引起人们的警觉和重视。

（2）关于北京房地产业与金融业相关性研究

具体到北京市房地产业和金融业协调发展的文献很少，仅有韩德宗〔《基于West模型的房地产泡沫的实证研究》，《当代经济科学》，2005年第5期〕对北京、上海和深圳三大城市是否存在泡沫进行实证检验时涉及北京市房地产业和金融业的协调发展问题；周京奎〔《房地产泡沫生成与演化》，《财贸经济》，2006年第5期〕对全国9城市的地产泡沫的形成进行分析时，得出了北京金融业过度支持房地产业的结论。但这些文献均未对北京市房地产业与金融业的产业关联度作专门和量化的研究。

总之，房地产业和金融业之间的相互关系是一个研究热点，国内的文献从不同侧面分析了两者之间的关系，虽有各自的启示意义，但就某一地区之内这两大产业之间关联关系和关联度的研究，特别是针对北京市的专门研究基本处于空白。

2. 关于房地产业对国民经济贡献率的相关研究

（1）关于房地产业在国民经济中的地位的研究

2003年是该问题的分水岭。在2003年国务院18号文件（即《国务院关于促进房地产市场持续健康发展的通知》）中指出："房地产业关联度高、带动力强，已经成为国民经济的支柱产业"。因此有人说，房地产业作为国民经济支柱产业的定位，成立于2003年的18号文件。此后，全国各地均把房地产业作为支柱产业发展。

2003年之前，理论界对该问题一直没有一个统一的认识，先后出现了“支柱产业”、“经济增长点”、“基础产业”、“主导产业”等不同的表述和观点，这些表述清晰地说明了人们在认识房地产业在国民经济中的作用的明显差异，同时也勾勒出了主流观点随时间而变迁的轨迹。20世纪80年代末90年代初，随着城市土地使用制度改革和城镇住房制度改革的继续深化，房地产业得到了空前的发展；20世纪90年代初，建设部提出将房地产业作为国民经济支柱产业；1992年、1993年房地产热出现后，在全国引起关于房地产业地位的讨论，房地产业的支柱性地位被否定（刘维新，1994）。从1993年到1996年，在我国加强宏观经济调控、实现经济“软着陆”期间，经济增长率开始连续缓慢下滑，在这样的宏观经济背景下，1996年中央经济工作会议上提出将住宅建设培育成为国民经济新的经济增长点，希望通过住宅业的发展促进经济的恢复和增长。与此同时，理论界对于房地产业地位的认识产生了变化，房地产业应定义为支柱产业的呼声开始增强（祁兆珍，1996）。1998年3月19日，国务院总理朱镕基在九届人大一次会议举行的记者招待会上，明确强调住宅建设要成为新的经济增长点，之后，住宅业得到了国家的重点支持和发展。在1999年11月召开的全国经济工作会议上，决定2000年仍将房地产业作为拉动经济增长的主要产业来抓。此后，实践中的房地产业得到了更快的发展，但理论界关于房地产业在国民经济中的地位出现了不同的认识，一种观点认为房地产业在国民经济中具有先导性和基础性，但这不等于主导性和支柱性，不能过分看重房地产业的贡献和作用，应从可持续发展角度适度优先发展房地产业，而不应超速发展（胡乃武、董藩，2000）。另一种观点认为，我国住宅业的发展水平已经超越了经济增长点阶段，正处于从“经济增长点”向“支柱产业”过渡的后期阶段（武少俊，2000）；还有人认为，住宅产业应当成为我国的主导产业，因为住宅业已符合主导产业的三个基本特征：产业本身增长率较高、能有效带动其他产业的发展、能吸纳新技术（姚长辉，2001）。

（2）关于房地产业对国民经济贡献率的研究

测算房地产业对国民经济的贡献率实际上是定量反映房地产业在国民经济中的地位的一个指标。关于房地产业对国民经济增长贡献率的研究涉及了不同地区、不同省市，有的是从总体增加值角度考虑（刘洪玉、张红，2006），有的是从房地产开发投资及消费角度考虑（王重润、崔玉平，2007），有的是从不同方面选取不同指标建立计量经济学模型分项进行分析，有的是将中国的数据同国外数据进行比较研究（李双久，2007），还有的是在得出贡献率较大的基础上分析了这种高贡献比重下可能产生的各种引致性风险及风险诱因（蔡晓钰、陈忠、蔡晓东，2004）。从总体来看，所有研究结果均表明：目前我国房地产业对国民经济增长的贡献率十分显著，尤其是房地产开发投资对国民经济的推动作用明显，因此，应进一步肯定房地产业在国民经济中的主导产业地位，充分发挥房地产业促进经济发展的内在潜力。本书主要对北京市房地产业对国民经济的贡献率进行测算和研究。

3. 关于房地产业对社会就业的促进作用的相关研究

近年来我国理论界和政府宏观决策关于房地产业对其他相关产业的影响，特别是房地产业的关联作用研究很受重视，而且国内学者的看法与评判基本一致，即房地产业产业链长，能带动多个相关产业的发展并促进就业。1996~1998 年提出和明确的将住宅业作为新的增长点的说法就是基于房地产业具有产业关联度高、带动作用强的特点，能形成国民经济的成长链，并且能带动其关联产业就业量的提高。

李启明（1997）认为与住宅产业直接相关或间接相关程度较高的产业有 60 多个，我国在住宅业上每增加 1 亿元投资，其他 23 个相关产业相应的增加 1.479 亿元投入，其中建材、冶金、农副业和机械等 4 个部门就会共投入 0.7 亿元，同时带动就业的增长。

石志华（1997）认为，住宅产业的发展能带动建筑、建材、冶金、化工、机械、仪表、纺织等 50 多个物质生产部门 20 多个大类 2000 多种产品的发展，对这些产业的就业也有积极促进作用。

刘玉录（2000）针对天津、上海等城市提出房地产业的支柱作用，并定性地提到房地产业对增加就业岗位的重要作用。

田光进、张增祥、周全斌、乔颜友（2001）指出我国就业结构具有一定的地区差异，东部地区的工业、金融保险、房地产业比较发达，从业人员比重较大，并对几个重要产业的就业进行了实证分析和数据分析，但未单独对房地产业的就业问题进行分析与论述。

李启明（2002）较新的研究是从房地产投资的诱发作用角度对房地产的带动效应作了计算，认为房地产业对建筑业、制造业的诱发作用最大，每 100 亿元房地产投资可以诱发制造业产出 123.61 亿元，可以诱发建筑业产出 90.76 亿元，其次为采矿业（16.64 亿元）、商业（11.16 亿元）、房地产业自身（10.98 亿元）、电力煤气自来水供应业（6.59 亿元）。

谢经荣（2003）研究表明，美国房地产业就业人员数量很大，1991 年，金融、保险、房地产业从业人员有 664.6 万人，1992 年为 657.1 万人，其中近一半为房地产业的雇员，住宅建筑和房地产业直接提供的就业机会约占全美劳动者总数的十分之一。在韩国、巴基斯坦、印度和墨西哥等国家，房地产每投资 100 万美元可为社会提供 14 个就业岗位。

到目前为止，我国理论界尚未针对房地产业对社会就业的带动作用进行量化研究，特别是对北京地区房地产业的就业带动效应研究尚缺。

二、国外研究动态综述

1. *房地产业对相关产业带动效应的研究*

关于房地产业对其他产业的带动作用，国外的专门研究也不多见。日本是成功运用产业政策调整经济的国家，对产业的带动效应研究颇多。不过，日本主要关注的对象不是房地产业，而是与其接近的住宅业。日本于1968年由通产省首次提出“住宅产业”的概念，此后对住宅产业的现代化、产业化进行了重点研究。日本有关机构估计，住宅投资规模在1995年达到25亿日元，由住宅建设推动钢铁、水泥、铅、造纸行业发展，加上住宅建成后，带动家电、家具等产业增长，总经济带动效果达50亿日元，两倍于自身的规模（顾云昌，1997）。此后，日本利用1990年投入产出表测算得出，住宅建设投资为26.592万亿日元，该投资所诱发的各产业国内生产总值之和为52.15万亿日元，住宅建筑业的生产诱发系数为1.961，影响力系数为1.0018，感应度系数为0.507；房地产业的生产诱发系数为1.259，影响力系数为0.6684，感应度系数为0.8627（沈采文，1998）。

世界银行1994年从住房建设投资角度分析了房地产业的带动效应，每增加100亿元住房建设投资，将创造170～220亿元的需求，每销售100亿元的住房，将带动130～150亿元的其他商品销售，需求带动系数较大，两项合计，按保守估计，需求带动系数为3。

在房地产业与金融业相关性研究中，主要体现在：

房地产金融由于其久远的发展历史和在现代经济中的独特地位与作用，从20世纪30年代开始，就已引起了欧美国家学者的研究兴趣。20世纪80年代以来，在西方金融创新热潮和东方经济转型的推动下，房地产金融的研究进一步在全世界兴起，关于房地产业与金融业相关关系的研究文献也在不断增多，有的学者对房地产业与金融业关系的研究利用货币政策传导研究方法（如VAR模型等）分析货币金融政策对房地产市场的影响以及房地产业在某次具体的金融危机中影响力的大小，或者利用投入产出模型分析在国民经济的各个行业中房地产业与金融业之间的关系。Guttentag J. M.（1986）专门研究了银行业在房地产泡沫形成和崩溃中的作用和机制，提出将银行的贷款集中度决策模型化，在控制破产风险的条件下，达到银行预期盈利的最大化，从而实现银行业与房地产业的协调发展。Mark Carey（1990）通过土地价格模型研究房地产繁荣与金融的参与，在假定土地供给固定时，通过分析土地投资者行为，揭示对土地价格持乐观态度的投资人将对供给固定且没有卖空市场的价格产生重要影响，从而导致放款者以乐观投资者所拥有土地的市场价格来评估其抵押品价值，给出房地产周期一个直接明了的解释。日本学者野口悠纪雄（1995）采用时间序列分析方法分析了日本在经济泡沫时期资本市场和房地产市场的相关性，证明银行对房地产业贷款的增长率对于地价的上涨有很强的解释力。Roehner B. M.（1999）考察了巴黎12个区住房的价格运行和货币政策的传导，揭示了投机性地产泡沫的空间机制。结合 Carey 的模型，Herring 和 Whator（1998）通过构造一个信贷市场模型，研究了房地产繁荣与银行危机的关系。他们提出"危机短视"、"数据不充分与脆弱分析"、"不正当激励"等三个假说，来解释金融系统的银行愿意低估房地产借贷的风险，从而助长房地产繁荣并酝酿金融风险的现象。运用这些假说能够比较合理地解释房地产繁荣所导致的瑞典银行危机、美国银行危机、日本银行危机和泰国银行危机。Quigley J. M（2001）的研究认为东南亚和东亚经济中房地产业的活动是导致亚洲金融危机的一股最重要的力量。世界银行的一份报告（2004）也分析了各国房地产业的带动效应，通过投入产出表计算得来的数据显示，无论发达国家还是发展中国家的房地产业和金融业之间都有很强的相关关系，在宏观调控政策上，各国对宏观经济的调控大多从房地产业开始。

2. 房地产业在国民经济中的地位和作用

房地产业是一些发达国家如美国、日本的主要产业之一，但国外直接研究房地产业对国民经济的贡献、反映房地产业在国民经济中的地位和作用的研究并不多见，较多的是研究住宅业。在美国，住宅与汽车、钢铁一起长期被称为三大支柱产业，特别是住宅业又被称为"永久的产业"。美国2/3的有形资产是房地产，国民生产总值的10%～15%与房地产有关。日本房地产业和建筑业销售额占各产业销售总额的3%以上，超过钢铁工业，住宅房地产的附加价值占国民生产总值的4%左右，财政收入的20%左右与住宅房地产直接相关。

以住宅为主的房地产交易、服务和房地产贷款对推动金融业的发展具有特别重要作用。美国住宅金融十分活跃，抵押贷款占商业银行贷款业务量1/4以上，住宅抵押贷款又占抵押贷款的90%左右。美国金融、保险、房地产业总产值之和占国民收入的比重，1980年为18.7%，1990年为17.7%。其中仅仅个人住宅一项所占比重，1980年和1990年分别为8.8%和8.1%，大约占金融、保险、房地产业总产值的47%和45.7%。住宅产业占第三产业总值的比重，1980年为18%，1990年为15.6%。娜塔莉-基罗亚德（Nathalie Girouard，2001）研究了20世纪70年代以来OECD国家的房地产价格，认为房地产价格的波动会通过多种渠道影响社会经济活动与社会总需求。[1] 丹尼斯·帕蒂斯奎尔和威廉·惠顿（Denise Dipasqual & William Wheaton，2002）将房地产市场区分为资本市场和物业市场，并引入房地产租金、价格、利率等因素，研究了房地产业与国民经济之间的互动关系。

3. 房地产业对社会就业的促进作用研究

房地产业对社会就业的促进作用较大，在美国房地产业就业的人员数量很

---

[1] Nathalie Girouard：House Price And Economic Activity，ECO/WKP（2001）5。

大，1991 年，金融、保险、房地产业从业人员有 664.6 万人，1992 年为 657.1 万人，其中近一半属于房地产业的雇员，住宅建筑和房地产业直接提供的就业机会，约占全美劳动者总数的 1/10。在韩国、巴基斯坦、印度和墨西哥等国家，房地产业每投资 1 万美元可为社会提供 14 个就业岗位（谢经荣，1999）。近年来，国外学者进一步对产业发展与就业的关系进行了一系列研究，如 Kelley Pace，Ronald Barry（1998 年）在其著作《Spatial Statisics and Real Estate》中对本国不同地区房地产业就业人数进行了数据统计；Vivienne McCabe（2000 年）在《Career paths and labour mobility in the conventions and exhibitions industryin eastern Australia》中对澳洲东部地区第三产业——会展行业的劳动力流动问题进行了定量分析。他们大都只是研究产业发展对增加就业的作用，只有少数学者对单个产业如加工业、高科技产业甚至建筑业（Marcelamiozzo，Chrisivory，《Restructuring in the British Construction Industry：Implications of Recent Changes in Project Management and Technology》，2000）的就业问题进行了单独的研究。Daniel P. McMillen 在其著作《Employment Subcenters and Subsequent Real Estate Development in Suburban Chicago》中对芝加哥城郊及城市中心地区房地产业发展和雇佣劳动力情况进行了介绍。目前国外尚没有学者专门研究房地产业对于社会就业的重要作用。

综上所述，国内外关于房地产业与国民经济的相互关系从理论和实证等不同角度做过不同程度的研究，并得出不同的结论，但尚未专门就北京地区房地产业的社会经济效应做系统全面的分析和论证，本研究成果将填补这一空白。

第四节　主要研究内容、研究框架及结论

一、主要研究内容

房地产业对国民经济的重要性在于：一是对国民经济的贡献与影响，反映房地产业在国民经济中的地位与作用；二是对相关产业的波及和带动，反映国民经济内部结构。在经济发展的同时，房地产业也具有较大的外部性，产生明显的社会效益或社会成本，如促进或抑制就业、满足居住需求、提升或降低居民生活成本和质量、美化或污染环境、吸引或排斥人力资源等。

本书以房地产业发展与宏观经济关系、与相关产业、与社会就业等的相关理论为指导，在定性分析北京市房地产业在宏观层面和微观层面的主要效应及其发展背景和特点的基础上，着重运用相应的计量模型系统全面地测算北京市房地产业的社会经济效应。在经济效应方面，本书将从两个角度测算，一是测算北京市房地产业对相关产业的带动效应，客观地分析北京市房地产业的产业链及其波及范围和影响程度，从国民经济的内在结构——产业结构上审视和评价该产业的实

际作用；二是测算北京市房地产业对国民经济的贡献率，分析该产业对整体经济的重要作用及其在国民经济中所处的地位。在社会效应方面，本书重点对该产业发展所带动的社会就业效应进行量化研究。按照主导产业理论，一个产业要成为主导产业，一方面要具备产业关联度大、能带动其他产业发展、扩散效应明显的条件，另一方面要具备产业自身发展较快且在国民经济中占有一定的比重，同时该产业能吸纳新技术和有广泛的社会效应。最后，本书依据测算结果对北京市房地产业的产业定位做出判断，并提出相应的促进房地产业健康发展和保障首都社会经济稳定的对策建议。

1. 关于北京市房地产业对相关产业的带动效应

研究思路和主要内容是：整个国民经济活动是由各个不同产业组成的复杂系统，每个产业的发展都会对其相关产业的发展产生不同程度的连锁反应，从而影响国民经济的整体协调发展。房地产业对其相关产业产生的效应主要有后向关联效应和前向关联效应，后向关联效应是房地产业对直接或间接地向本产业供给生产要素的产业产生的影响，房地产业对该产业主要产生需求拉动作用；前向关联效应是房地产业对直接或间接地需求本产业产品或服务的产业产生的影响，房地产业对该产业主要产生供给推动作用。由于产业之间的关联关系非常复杂，常常通过需求和供给相互影响。这样，房地产业对相关产业的带动效应是指房地产业通过需求拉动和供给推动产生的总效应。本著作以北京市国民经济核算中的投入产出资料为基础数据，运用国际通用的投入产出模型测算房地产业对相关产业的波及范围和带动效应。

特别地，在剖析北京市房地产业与相关产业之间的结构的过程中，鉴于房地产业融资量大、融资周期长，与金融业有着天然的内在联系，加之北京市房地产业过度融资是一个突出的实践问题，本书专门对这两个产业的产业关联度进行量化研究，研究结果对避免由房地产业引发金融危机可能会具有重要的价值。

2. 关于北京市房地产业对国民经济的贡献率

研究思路和主要内容是：一个产业对国民经济的贡献率大小反映该产业在国民经济中的地位和作用，这对一个国家和地区制定正确的产业发展政策意义重大。房地产业对国民经济的总贡献率来自于两个方面，一是房地产业本产业对国民经济的直接贡献率；二是因房地产业发展带动相关产业发展而产生的对国民经济的间接贡献率。本书将采用增长值法等方法从产业增加值角度测算房地产业对国民经济的直接贡献率，用同样的方法测算房地产业相关产业对国民经济的贡献率，运用产业关联度对相关产业的贡献率进行修正，从而测算房地产业的间接贡献率。在此基础上，以理论和国际经验为标准判断北京市房地产业在国民经济中的实际地位。

3. 关于北京市房地产业对社会就业的带动效应

研究思路和主要内容是：就业是民生之本。扩大就业，促进再就业，关系一个国家的长治久安和稳定发展，制定产业发展政策除了应考虑该产业的经济效应，同时还要关注其就业效应。北京市房地产业对社会就业的总带动效应由两个部分构成，即房地产业自身对社会就业的吸纳与带动效应和通过影响其他产业发展而间接产生的就业效应。在就业效应测算中，本书主要运用就业产量弹性模型，即运用该模型测算北京市房地产业本产业的就业效应作为直接就业效应；其次运用就业产量弹性模型测算房地产业相关产业的就业效应，用投入产出模型测算出的产业关联度修正其他产业的就业效应作为北京市房地产业的间接就业效应。

二、研究方法与技术路线

本书采用系统分析和定性与定量相结合并以定量研究为主的研究方法，旨在客观地判断若干年来北京房地产业对社会与经济所产生的主要作用，以此为依据对房地产业未来发展定位作出分析，所选用定量研究模型有投入产出模型、就业产量弹性模型等。

研究思路及技术路线见图 1-2。

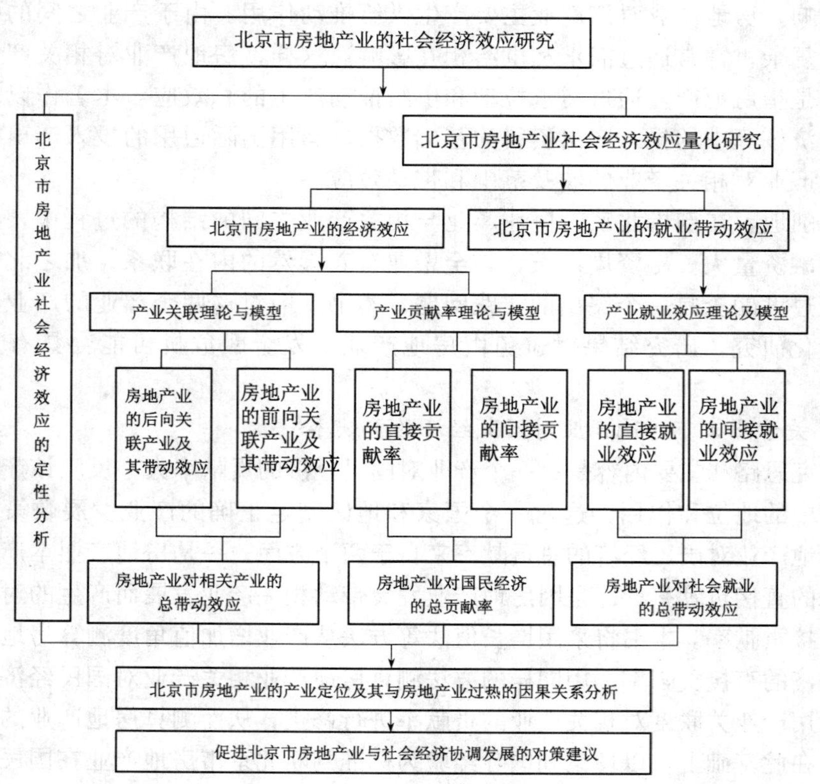

图 1-2　技术路线图

三、主要结论

通过分析我们得出，北京市房地产业对国民经济总贡献率为16.79%，并且能不同程度地带动42产业的40个产业发展，带动明显的产业有16个，因而北京房地产业的经济效应显著；另外，北京房地产业的社会效应也十分明显，以促进社会就业为例，房地产业产值每变动1%，直接、间接带动就业总量弹性在81.34%至111.19%。由此，按照主导产业理论，北京市房地产业目前的确是国民经济的主导产业之一。

不过，由于北京市房地产业发展中尚存在诸如房价地价偏高、金融业过度支持房地产业发展等房地产业过热之类的问题，这使得理论与实践中对房地产业能否作为未来北京国民经济的主导产业发展进行争论。本书认为，北京市房地产业过热与房地产业主导产业地位之间不存在因果关系，北京市房地产业过热是房地产业发展中市场供给、需求及监管等不完善所导致的综合性结果。加之目前尚未有其他产业替代房地产业，因而，从未来发展看，在一定时间内，北京市房地产业依然可作为主导产业进行发展，但应从价格、监管等方面进行适当调控。

第二章　房地产业社会经济效应研究的理论基础

第一节　产业分类理论与产业关联理论

一、产业界定与产业分类理论

1. 产业的界定

产业（industry）是指社会中使用相同的原材料，运用相同工艺技术方法生产具有同等使用功能可相互替代的产品的企业的集合，产业一词的外延可大可小，可以泛指国民经济中的各行各业，比如工业、农业、商业、服务业等；还可以细化到行业层面，比如农业中的种植业、养殖业，服务业中的金融业、交通运输业等。

产业的形成是社会分工的结果，随着生产力水平的不断提高，人类社会共经历了三次社会大分工。第一次社会大分工发生于原始社会中期，人类的生产活动由单纯的采集和渔猎发展到饲养动物和种植植物，游牧部落逐渐形成，畜牧业和农业开始发生分离。第二次社会大分工发生于原始社会末期，随着劳动熟练程度的提高，一部分人从农业和畜牧业中闲置出来开始从事简单的手工制造，制造简单的生产工具和生活用品用以满足生产生活的需要，随着手工制造熟练程度及专业化水平的提高，手工制造业逐渐形成并从农业中分离出来。第三次社会大分工发生于奴隶社会初期，随着生产力的不断提高，人们的劳动产品除了满足自身需求外开始出现剩余，为了获取更多的使用价值实现效益最大化，交换便产生了。随着交换的愈加频繁便出现了专门从事商品买卖的商人，商业作为一个独立的行业开始出现。

随着社会经济的发展，科学技术水平的不断提高，社会分工和专业化程度越来越高，新技术、新工艺、新材料的产生使得产业的内涵和外延逐渐扩大，涌现出了很多新兴产业部门，例如计算机产业、电子工业、原子能工业等。产业种类的愈加多样化、细化和专业化是社会发展进步的结果，专业化即提高了生产效率，社会经济能够取得更好的发展。

“产业”是目前经济界频繁使用的词汇之一。“产业”一词尽管出现的时间较早，但产业经济学成为一门独立的学科却是二战以后在日本完成的。二战后的日本面临着复兴和重建的任务，日本政府很重视产业政策，这样，20 世纪 50 年代初，一些学者开始专门研究如何加快产业发展；到 20 世纪 70 年代，日本的产业经济取得惊人成功，从而使产业经济学为世界各国和理论界普遍重视，并形成了最初的产业经济学体系。

实际上，产业经济学是在西方经济学基础上衍生出来的。西方经济学的基础理论由微观经济学和宏观经济学组成，微观经济学的研究对象是单个经济单位，主要是关于单个生产厂商或单个消费者如何以有限的资源获取最大的生产利润或如何以有限的收入取得最大的效用的理论；宏观经济学的研究对象是国民经济总量，即国民收入的形成、分配和使用，围绕如何刺激和控制社会总需求以实现社会总供给和社会总需求的大体平衡，因此，宏观经济学只关心社会再生产过程中最终产品的总量运动，并不分析中间产品的交换与消费关系。由此，在研究微观企业的微观经济学和研究宏观国民经济总量的宏观经济学之间，一个揭示产业之间生产与交换关系的产业经济学应运而生。产业经济学主要对现实经济活动中的产业关系进行实证分析和应用研究，属应用经济学。

产业经济学的研究领域和对象是介于微观企业和宏观国民经济之间的“产业”，但不同的研究角度对于产业的理解不同。

2. 产业的分类方法

产业界定和产业分类是研究产业结构、产业间关系的基础。不同的经济理论对产业有不同的表述和划分，比如有生产结构分类法、三次产业分类法、标准产业分类法等。

（1）生产结构分类法

生产结构分类法是依据再生产过程中各产业间的关系而进行的分类方法。这种分类法具体来说体现在马克思的两大部类分类法和农轻重分类法之中。

两大部类分类法是马克思研究资本主义社会再生产过程的理论基础。在马克思主义的经济学文献里，产业一词是指从事物质生产的工业部门或行业。产业的分类是根据产品在再生产过程中的不同作用，将物质领域的社会总产品分为两大部类，即作为第Ⅰ部类的生产资料和作为第Ⅱ部类的消费资料。

需要注意的是，马克思提出的两大部类不包括非物质生产部门，而目前的产业概念已从物质生产部门扩展到包括非物质生产部门在内的广阔领域。同时由于两大部类分类法在实际的直接运用中划分界限难以确定，可操作性差，有不少产品既可作为生产资料又可作为消费资料，即这些产品既可以划为第Ⅰ部类又可以划为第Ⅱ部类。

为了应用马克思两大部类的分类理论，农轻重分类法应运而生。这种分类法是将社会经济活动中的物质生产分为农业、轻工业和重工业三个部分，农业指包括农林牧副渔在内的大农业，轻工业指以生产生活消费资料为主的物质生产部门，重工业指生产生产资料的工业部门。农轻重分类法主要是包括我国在内的一些社会主义国家在计划经济时代使用的一种产业分类方法。目前随着各国市场机制的建立，这种分类方法逐渐被其他方法所代替。

（2）三次产业分类法

三次产业分类法是按照劳动对象的性质和生产过程的特征进行产业分类的方法，是目前研究产业经济和产业结构的一种重要的分类方法，也是许多国家国民经济核算中的常用方法。

英国经济学家、新西兰奥塔哥大学教授费希尔（A. G. B. Fisher）于1935年在他所著《安全与进步的冲突》一书中首先提出了三次产业分类法，对三次产业分类法进行了理论分析。他认为在人类发展的不同阶段会出现和产生不同的经济活动特征，按照各种经济活动的本质差别可以将其划归为三种产业。随后，英籍澳大利亚经济学家和统计学家克拉克在其1940年出版的《经济进步的条件》一书中应用这种分类方法研究了经济发展与产业结构变化之间的关系的规律，从而使这种方法的应用得到普及。随后，这种产业分类方法被澳大利亚和新西兰统计学界所承认并推广使用于政府的统计手册中。从20世纪50年代后期开始，西方经济学界和统计部门普遍采用了三次产业分类法，目前，这种分类法已被世界上许多国家接受。

按照这一分类方法，整个社会经济活动将分为3大门类。

第一类是指人类直接从自然界中取得产品，以满足自己最基本的需要的产业，主要包括农业、畜牧业、游牧业、狩猎业、渔业、林业等，统称为第一产业。

第二类是指人类利用自然资源经过加工取得产品，以满足自己进一步需要的产业，主要包括采掘业、制造业、建筑业等，统称为第二产业。

第三类是指人类为生产、生活和社会发展提供劳务服务，以满足自己更多需要的产业，主要包括商业、运输业、通信业、金融保险业、旅游业等公共服务业以及科学、卫生、文化、教育、政府等公共行政事业，统称为第三产业。

当前世界各国在国民经济核算与统计中采用的产业分类基本都可以归并为三次产业，只是因经济发展水平和经济结构的不同在产业细分上有不同之处。

我国于20世纪80年代中期引入了三次产业分类法，关于三次产业划分的具体标准和范围是：

第一产业：农业（包括林业、畜牧业、渔业等）；

第二产业：工业（包括采掘业、制造业、自来水、电力、蒸汽、煤气的制造供应业）和建筑业；

第三产业：除第一、二产业之外的其他各业。

根据我国实际，第三产业又可分为两大部分和四个层次，两大部分是指流通部门和服务部门，四个层次是：

第一层次：流通业（包括交通运输业、邮电通信业、商业饮食业、物资供销和仓储业）；

第二层次：为生产和生活服务的各个行业（包括金融保险业、地质普查业、房地产业、公用事业、居民服务业、旅游业、咨询信息服务业和各类技术服务业）；

第三层次：为提高科学文化水平和居民素质服务的部门（包括教育文化广播电视业、科学研究事业、卫生体育和社会福利业等）；

第四层次：为社会公共需要服务的部门（包括国家机关、政党机关、社会团体及军队警察等）。

这样，在我国三次产业分类中，房地产业属于第三产业的第二层次。

（3）标准产业分类法

标准产业分类法的基础实质是三次产业划分理论。三次产业分类法是在总结社会经济发展以及产业结构变化规律的基础上建立起来的，具有很强的概括性和抽象性，易于把握产业经济发展的总体趋势，但这种分类方法对社会生产过程的描述过于笼统和抽象，加之各国在三次产业划分范围上没有形成统一的标准，因而其具体应用受到限制和影响。为了全面、精确地统计产业活动，各国政府在对国民经济进行宏观管理时，需要一种既完整又实用的产业分类方法，这就是标准产业分类法。因而，标准产业分类法产生的初衷是为了统一世界各国的产业分类方法，统一口径，便于统计及进行国际比较。1971 年联合国颁布并出版了《全部经济活动的国际标准产业分类索引》，将全部经济活动分为大、中、小、细 4 项，每项都有统计编码。标准产业分类法将三次产业分类法中提到的“第一产业”、“第二产业”、“第三产业”进行了更精确、更细致的划分，便于进行产业间的对比分析。

标准产业分类的具体分类方法是按照社会经济活动性质的同一性进行的分类，这种同一性表现在或是提供产品（服务）的经济用途相同，或者使用的原材料相同等等。这种产业分类法可以方便地对产业经济活动的数据资料进行收集、整理、制表、说明和分析，真实地反映国民经济各产业的结构和发展状况。标准产业分类法是产业管理中关于产业分类的基本方法，根据这一分类统计的社会活动数据资料，政府产业管理部门不仅可以完整准确地掌握和分析产业规模、产业结构、产业组成、产业经济发展趋势等方面的实际状况，而且可以运用这些数据资料建立产业投入产出分析表，全面了解某一产业经济发展的各种影响因素，预测该产业对国民经济发展的影响程度，从而制定产业规划与产业政策，促进各产业协调发展[1]。

联合国为了统一世界各国的产业分类，在1948年制定并颁布了国际标准产业分类法（ISIC），后经1958年、1968年、1989年三次修正逐步完善。标准产业分类法将全部经济活动分成若干大项，每个大项下分成若干中项，中项下分若干小项，小项下再分若干细项，无论大、中、小、细项，都有规定的代码。目前世界上很多国家参照联合国的标准产业分类体系制定了相应的产业分类方法，如《澳大利亚、新西兰标准产业分类》，《欧共体一般产业分类》，《日本标准产业分类》，美国、加拿大、墨西哥的《北美产业分类体系》等[2]。

以标准产业分类为参照，不同国家根据自己的国情制定了国家标准分类。国家标准分类是政府职能部门根据本国的实际情况，将本国的国民经济各部门进行统一划分，便于统计工作及宏观管理工作的进行。世界上很多国家都有自己的国家标准分类法，比如英国的国家标准分类法包括27个主要产业类，181个产业分类。我国也有自己的国家标准分类法。

我国在1959年制定了国民经济部门分类，1964年和1978年曾两次修订，分类层次和类别不断扩大。1984年12月颁布并于1985年1月1日开始实施的《国民经济产业分类和代码》是在以前的分类目录基础上进一步修订而成的，1990～1994年对该方案进一步修订，并于1994年5月开始实施新的《国民经济行业分类与代码》。目前我国采用的依然是1994年的标准产业分类方案，该方案中将社会经济活动分为门类、大类、中类和小类四级，与此相对应对各产业进行层次编码，共有16个门类，92个大类，368个中类，854个小类，这种分类法与国际标准产业分类原理一致，所不同的是对各产业的归类以及产业层次的划分。

本书的产业划分以我国2002年度投入产出表的产业分类法为标准，该产业分类是参照1994年国民经济行业分类标准制定的，其实质属于标准产业分类法中的国家标准分类法。

二、产业关联理论与产业结构优化理论

1. 产业关联理论

产业关联是指国民经济各产业部门间投入品与产出品相互供给和需求的数量比例关系。产业关联理论是对产业之间的联系进行量化研究的一种方法理论，揭示产业之间在生产、交换、分配过程中发生的数量比例上的规律性。国民经济的各产业部门不是独立存在的，在其运行过程中需要同其他产业部门发生或多或少的经济技术联系，联系的内涵是多种多样的：有产品和服务的联系；就业、投资等方面的联系；技术层面的联系；价格方面的联系等。产品和服务的联系主要指某产业的发展需要其他产业的产品或服务作为中间投入，同时本产业所生产的产

---

[1] 参见李贤沛、张冀湘，《行业经济管理学》，长沙：湖南人民出版社，1988，第70页。

[2] 转引自：李冠霖，《第三产业投入产出分析》，北京：中国物价出版社，2002，第24页。

品或服务也会分配给其他产业供其消耗，这种联系主要是从投入和产出的角度考虑的。就业、投资方面的联系主要指某一产业发展规模的变化必然会影响其上下游相关联产业发展规模发生不同程度的变化，同时对其劳动力、资本等生产要素投入产生新的要求，即影响其对就业人员的吸纳能力和资本的投入规模。技术层面的联系主要指某些产业不同层次的技术变化对其他产业的技术提出新的要求。当某一产业的产品或服务质量、生产技术工艺、产品特性等发生变化时，必然会对其原材料供应产业的产品质量和技术工艺产生新的要求，同时也必然会影响其下游产业对生产技术、产品质量的要求标准。产业间价格方面的联系也是显而易见的，某产业的产品或服务作为其下游关联产业的原材料参与生产，故当本产业由于技术进步、规模效益、生产条件改善等原因使其产品或服务的价格发生变动时，这种价格变动将直接影响其下游关联产业的生产成本，进而影响其下游关联产业的产品价格。

通过产业关联分析可以精确、细致地反映和认识一国一定时期内宏观经济中各种产业之间的基本结构及其发展比例，使经济活动过程中产业之间存在的广泛、复杂的经济技术联系得以量化，为制定产业政策、加强宏观调控、进行经济预测提供依据，从而受到各国的普遍重视。

产业之间的关联关系是广泛而复杂的，因此，研究产业关联关系需要对其进行类别划分。从产业链上产业之间的供求联系分类，产业关联可以分为前向关联、后向关联和环向关联[1]。

前向关联指一产业的产品作为供给要素被其他产业利用而形成的产业关联；后向关联指一产业在其生产过程中对其他产业的产品产生需求所引起的产业关联；环向关联指经济活动中各产业通过复杂的技术经济联系形成的环状关联，产业与产业之间既前向关联又后向关联。

实际经济生活中发生的产业关联，往往不单纯是前向关联或后向关联，而常常是环向关联。一个产业的前向关联与后向关联关系一般是由其自身的技术经济特性决定的。

美国经济学家钱纳里曾对各产业的前后向关联关系进行了研究，他利用美国、日本、挪威、意大利等国投入产出表计算整理，根据各产业的中间需求率（各产业的中间需求和该产业总需求之比）和中间投入率（各产业的中间投入和总投入之比）的差异，将产业分为四组[2]：

第一组，中间产品型基础产业。指前向关联能力高而后向关联能力低的产业，即中间投入率小、中间需求率大的产业。该产业的生产过程对其他部门的投入依赖较低，但却显著依赖于其他产业生产过程对该部门中间产品的需求。如金

---

❶ 参见简新华，《产业经济学》，武汉：武汉大学出版社，2001，第68页。

❷ 参见 Chenery and Watanabe，《International Comparisons of the Strcture of Production》，Econometrica，1958.

属采矿、石油天然气、电力等。

第二组，中间产品型产业。指前后向关联能力均高的产业，即中间投入率和中间需求率均大的产业。该产业的生产过程既显著依赖于其他部门的投入，又依赖其他部门对本部门中间产品的需求。如钢铁、石油产品、纺织等。

第三组，最终需求型产品。指后向关联能力高而前向关联能力低的产业，即中间投入率大、中间需求率小的产业。该产业的发展主要依赖其他部门的中间投入量和社会最终产品需求量。如服装、机械、运输设备等。

第四组，最终需求型基础产业。指前后向关联能力均低的产业，即中间投入率和中间需求率均小的产业。该产业的生产过程既不显著依赖于其他部门的投入，也不依赖其他部门的需求。如渔业、运输业、商业、服务业等。

前后向关联的实质是分别从一个产业对其他产业的投入和该产业需要其他产业生产投入来分别考察产业关联链条的长短。如果在产业间投入产出的相互依存关系中把一产业影响其他产业产生的冲击力看成对其他产业的影响力，而把一个产业受其他产业影响的程度称为感应度，那么，前后向连锁能力不同的产业，其影响力和感应度是不相同的。一般来说，前向关联力强的产业，即需求部门多、中间产品率高的产业，感应度较大，即易受需求拉动而增长；相反，后向关联力强的产业，即来自各产业的原材料投入率高的产业，则影响力较高，其拉动其他产业发展的能力较强。而前后关联能力均高的产业，其影响和感应力都很高。

本书对北京市房地产业对相关产业的带动效应分析，是以产业关联理论为指导，运用投入产出模型揭示产业链条上房地产业与其密切关联产业之间的后向、前向关联关系和内在结构，为客观地评价北京市国民经济结构中房地产业的波及范围和程度提供量化依据。

2. *产业结构优化理论*

产业结构是指国民经济中各产业的构成及其相互关系。产业结构和经济发展有着密切的关系，合理的产业结构可以使资源合理配置，提高生产效率，促进经济增长。

如前所述，产业的概念是随着社会分工的产生应运而生的，但产业结构的概念却产生得比较晚。一般认为，产业结构的概念出现于20世纪40年代，最初的使用并不规范，概念的用法和意义还比较混乱，它既可以解释不同产业间的关系结构，也可以解释产业内部企业间的关系结构以及地区间的产业分布。随着产业经济学研究的逐步深入，对产业结构的概念界定及研究范围也逐渐清晰，按照产业结构研究的内涵和外延来划分，产业结构的研究包括“广义”与“狭义”之分。狭义产业结构的内容主要包括：构成产业总体的产业类型、组合方式、各产业间的本质联系和各产业的技术基础、发展程度及其在国民经济中的地位和作用。广义产业结构除了狭义产业结构的内容之外，还包括产业之间的数量比例上的关系、在空间上的分布结构等[1]。

我们可以从“质”的角度与“量”的角度分别考察产业结构的基本含义。“质”的角度主要指一定的资金、劳动力、各种自然资源与物质资料在国民经济各产业间的配置状况及其相互制约的方式，是一国经济发展水平、发达程度、增长潜力等指标的反映。“量”的角度即从投入产出的角度静态地研究分析产业间联系方式的技术经济数量比例关系。这种关系说明国民经济各产业间的联系是：一个产业的产出就是另一个产业的投入，一个产业的投入就是另一个产业的产出，投入产出关系就是产业间在投入与产出上的相互依存关系。产业结构通过产业间质的组合和量的规定，构成了产业间经济资源的分布结构，这种结构既是产业间数量比例关系，又是产业间质的联系的有机耦合；既是静态比例的关系，又是动态关联的发展[2]。

产业结构优化是指通过产业调整，使各产业实现优化配置和协调发展，最终使各产业之间的经济技术联系和数量比例关系达到协调平衡的过程。一个国家或地区的产业结构优化是指根据本国或本地区的经济发展阶段、科学技术水平、市场发育状况、地理人文环境、资源要素禀赋、人口规模与结构、国际经济关系等等因素进行产业结构的调整，使之达到与上述条件相适应的各产业协调发展的状态。产业结构优化一般包含以下四个方面的内容：

（1）产业结构合理化。根据“木桶理论”的原理，不合理的产业结构将导致资源的浪费和生产效率的损耗。而产业结构的合理化，则是指促使产业结构由不合理向合理的方向转变。产业结构合理化的核心是产业协调，即在经济增长过程中各产业间能保持和谐发展态势，从而产生较高的结构效益。合理的产业结构导致产业之间通过内在的相互作用产生大于各产业能力之和的整体能力，即所谓的“1 + 1 > 2”。产业之间越是协调，经济整体能力就越高。

（2）产业结构的高度化。罗斯托以技术标准划分经济成长阶段并根据不同的经济成长阶段设定相应的主导产业。产业结构的高度化要求资源利用水平随着经济技术的进步不断突破原有界限，从而不断推进产业结构中朝阳产业的成长。其标志是代表现代产业技术水平的高效率产业比重不断增大，经济系统内部显示出巨大的持续创新能力。

产业结构的合理化与高度化有着密切的联系。产业结构的合理化为产业结构的高度化提供了基础，而高度化则推动产业结构在更高层次上实现合理化。结构的合理化首先着眼于经济发展的近期利益，而高度化则更多关注结构成长的未来，着眼于经济发展的长远利益。

（3）产业结构的均衡化。马克思在分析社会再生产的条件时，强调了各产

[1] 参见王述英、白雪洁、杜传忠，《产业经济学》，北京：经济科学出版社，2006。

[2] 参见李悦、李平、孔令丞，《产业经济学》，大连：东北财经大学出版社，2008。

业的均衡发展；在分析生产资料和消费资料两大部类之间相互依存、相互促进的关系时，提出了生产资料优先增长的规律和调整机制理论❶；而在西方经济学中，对产业结构均衡化的研究以法国经济学家来昂·瓦尔拉的一般均衡理论为代表。一般均衡理论在完全竞争市场的假设前提下，分析包括产品市场、服务市场和资本市场的整个市场的均衡结构，从时间序列的产业波动性角度评价产业的均衡。而赫希曼的不平衡增长理论则是在“资源有限”的前提下，通过在“社会资本”和“直接生产资本”上不平衡投入，以“短缺的发展”或“过剩的发展”两种路径促进产业的发展。

（4）产业发展的高效化。主要指产业发展兼具较高的速度、质量和效益，要求各产业在发展过程中要做到速度、质量和效益的统一，特别是要以提高效益为主要目标。

本书以产业结构优化理论为指导，认为房地产业与其相关产业的协调发展是国民经济健康良性循环的保证，其关键是促进产业自身升级及产业之间的结构合理化。

第二节　主导产业理论及其选择基准

美国经济学家罗斯托（Walt Whitman Roston）最早提出主导产业的概念。1960 年，罗斯托在其代表作《经济成长的阶段》中，对首次提出的主导产业概念进行系统分析。罗斯托认为，主导产业是指这样一些产业部门：“在这些部门中，革新创造的可能，或利用新的有利可图或至今尚未开发资源的可能，将造成很高的增长率并带动这一经济中其他方面的扩充力量”❷。罗斯托认为，虽然国民经济是由众多产业部门构成的，但真正能影响国民经济的发展，决定国民经济发展速度的往往是少数几个关键产业和部门，这些关键产业和部门发展的直接、间接影响效果导致了整个经济的增长，且不同的经济发展阶段，这些关键产业和部门并不完全一致，随着时间的推移而更替变换，他认为这些关键产业和部门即主导产业。因而他指出，近代经济增长本质上是一个主导产业更替的过程。由于主导产业对经济发展有如此重要的作用，其发展状况基本决定了整个经济的发展状况，可以被看做是经济发展的驱动轮。整个经济和其他各产业只有在它的带动下才能高速增长。同时，主导产业也是形成合理有效的产业结构的契机，所以主导产业的选择对整个国民经济发展尤为重要，理论界关于主导产业的选择有如下基准：

1. 郝希曼基准

郝希曼基准也称产业关联度基准，是美国经济学家郝希曼（A. O. Hirschman）于

---

❶ 转引自李悦，《产业经济学》，北京：中国人民大学出版社，1998，第 65 ~ 66 页。

❷ 罗斯托，《经济成长的阶段》，北京：商务印书馆，1962 年版。

20世纪50年代中期在其名著《经济发展战略》一书中提出来的。他根据投入产出原理，对产业间关联度与工业化的关系作了进一步的研究，提出了依后向联系程度确定主导产业的基准，称之为郝希曼基准。这一基准的含义是：主导产业部门的选择应依据其后向关联系数的大小顺序排列，应选择能对较多产业产生带动和诱导作用的产业。这种主导产业的选择基准比较突出产业的后向联系，意味着主导产业的选择以最终产品的制造部门为主，这类部门有较强烈的中间产品需求倾向，可拉动经济的有效增长。他的这一观点对日本及其他一些发展中国家主导产业的选择及相关产业政策的制定产生了重要影响。

2. 筱原基准

日本经济学家筱原三代平在20世纪50年代提出了“收入弹性基准”和“生产率上升基准”，统称为筱原基准。收入弹性基准是指选择收入弹性高的产业作为主导产业。这里所指的收入弹性是指需求的收入弹性，等于某产品需求的增长率与国民收入增长率之比。收入弹性的高低反映了某产业产品潜在市场份额的大小。收入弹性高的产业意味着其具有较大的市场发展空间。随着国民收入的逐步提高，收入弹性大的产业和产品在产业结构中的比重会逐渐提高，是从需求角度提出的选择基准。生产率上升基准就是选择生产率上升快、技术水平高的产业部门为主导产业部门，是从供给角度提出的选择基准。筱原的生产率概念是资金生产率、劳动生产率、能源生产率等诸生产要素生产率的加权平均，可理解为全要素生产率。在一定时期，产业的生产率增长快，生产成本相应也下降快，经济效益就比较好，因而加快发展生产率增长快的产业就能较快提高整个社会的经济效益。

3. 罗斯托基准

罗斯托在其名著《从起飞进入持续增长的经济学》一书中，详细介绍了主导产业在经济起飞中的作用，概括为以下三个方面：(1) 前向联系效应，即主导产业通过向其他产业增加供给来促进经济发展；(2) 后向联系效应，即主导产业通过对其他产业产品产生投入需求，从而带动一批产业部门的迅速发展；(3) 旁侧效应，主导产业部门会引起周围一系列变化，这些变化趋向于更广泛地推动经济发展。同时，罗斯托还总结了主导产业选择的两点主要基准：(1) 自身具有较高的增长率和比较显著的规模；(2) 具有较强的扩散效应，能够带动众多产业共同发展。这一基准被人们称为“罗斯托基准”。

以上关于主导产业的选择基准大多从一个或多个角度比较概括性地进行论述，并未给出一个大家公认的较明确的数量标准。有一个经验标准认为，一个产业的产值规模至少达到5%才可能成为主导产业[1]。

---

[1] 参见陈多长，《浙江省房地产业健康发展研究》，北京：中国社会科学出版社，第77页。

第三节　产业就业效应理论

一、古典就业理论

古典经济学就业理论源于著名经济学家萨伊提出的萨伊定律，该定律认为“供给会创造自己的需求”。因此古典经济学派学者认为，实际社会工资水平决定了劳动力市场的供给和需求，劳动的供给随实际工资增长而增长，劳动的需求随实际工资增长而下降，鉴于劳动力市场完全竞争的特性，工资可随着就业市场的供求变化瞬间变动。当劳动供给大于劳动需求时存在失业的现象，实际工资水平的下降会使雇主增雇工人，从而减少失业量；相反，劳动的供给小于劳动需求，会使雇主减雇工人，劳动的供求会趋于平衡。根据这一原理，古典经济学就业理论认为，充分就业量一定就是劳动力市场均衡时所决定的就业量，而长期、大量的失业是不可能存在的。古典就业理论认为社会生活中只存在着自愿性失业和摩擦性失业，它们与充分就业并不矛盾，在理论上排斥了失业存在的可能性。

二、凯恩斯的就业理论

20 世纪二三十年代席卷资本主义世界的经济大危机，使凯恩斯主义经济学理论得到重视和推崇，也奠定了现代西方宏观经济学的基础。就业理论便是凯恩斯经济学派理论体系的一部分。根据凯恩斯经济学理论，社会总供给与总需求相等，并处于均衡状态的社会总需求，便是社会“有效需求”，它包括投资需求和消费需求，并决定着国民收入的大小以及社会就业总量，社会就业总量随着社会总需求，即“有效需求”的增加而增加。但在现实中，由于存在边际消费倾向递减、资本边际效率递减、流动偏好这三大基本心理规律，经济社会中通常会出现有效需求不足现象，从而影响社会就业总量。具体说来，边际消费倾向递减使消费随着生产的增加而减少；资本边际效率递减，使资本家对投资前景缺乏信心，投资的动力随生产的增加而降低；人们愿意持有货币的流动偏好，使得消费减少。这些都使得生产不能扩大到充分就业的程度，使社会中产生失业现象。

在承认古典经济学派就业理论中摩擦性失业和自愿失业这两个概念之外，凯恩斯还提出了“非自愿失业”这一新的概念范畴，认为非自愿失业正是由于社会有效需求不足造成的。非自愿失业在经济社会中危害极大，只有消除非自愿失业，才能实现社会的充分就业。

凯恩斯经济学派认为，解决失业问题，增加社会有效需求，需要国家加强对经济活动的干预，用增加公共支出、降低利率、刺激投资和消费的政策，提高有效需求，实现充分就业。并且只要社会能提供足够的有效需求，失业问题就可以解决。在现实中，政府会在经济不景气时采取积极的货币和财政政策，扩大社会有效需求，刺激社会就业的增加。

三、乘数理论

所谓乘数，是指在一定的边际消费倾向条件下，投资的增加（或减少）可导致国民收入和就业量若干倍的增加（或减少）。最早研究乘数原理的是英国经济学家卡恩，他指出乘数是用来估计投资净增量与由此引起的总就业量之间的数量关系。随后，凯恩斯经济学派学者进一步完善了乘数原理，并用它来说明投资增量与收入增量、消费增长与就业增长之间的关系。

凯恩斯经济学的"乘数原理"指的是某一经济变量变动时，经过一段时间的积累后，对国民经济的影响总数，常是原来增加效应的数倍。这是因为，经济各部门密切相连，一个部门、产业投资的增加，会在其他部门引起连锁反应，收入的增加会持续带来需求的增加。乘数效应包括投资或公共支出乘数效应、税收乘数效应、预算平衡乘数效应等类型。由于只有具有一定范围（大多是行政区域空间的划定）的区域才会进行相应的国民经济统计，才能提供乘数研究所需要的一些宏观经济指标，因此在经济学中，乘数本身也是一个向来就带有区域含义的研究对象。

四、理论在北京房地产业对就业带动研究中的应用

古典经济学派认为"供给会创造自己的需求"，其就业理论认为，房地产业可以通过实施土地一级开发，改善城市基础设施的建设，推出新一代住房产品等活动改善人们居住场所和环境，引导百姓住房需求，从而加大房地产业的投资、生产和消费，扩大劳动市场对社会劳动力的需求。

凯恩斯的就业理论认为，总需求决定总就业量，社会总就业量不足是由社会有效需求不足所造成的。在我国，随着土地和住房制度的改革，国民的住房需求催生了各类商品房的供给，也带动了房地产行业的就业。尤其近年来我国城市化进程步伐的加快、城镇人口的扩张、住房需求的膨胀，也促进了房地产的供给扩张，从而带动总就业量的增加。并且凯恩斯经济学理论认为，必须依靠国家的经济调控政策对经济生活进行干预，扩大内需，才能解决失业问题。当市场不景气时，政府会对北京房地产业实施政策上的支持，交易流通环节税收优惠、购房商业贷款和住房公积金贷款利率下调等制度的实施，即是为了刺激人们的购房需求，扩大居民消费，从而拉动更多的就业。

产业结构优化理论强调通过产业调整，最终使国民经济各产业间的经济技术联系和数量比例关系达到协调平衡。产业结构的优化要求国民经济中资源的利用效率应随着经济技术的进步不断提高，这需要推动产业结构中代表现代产业技术水平的高效率产业的成长和在产业体系中所占比例的提高，从而合理优化产业结构，吸引劳动力向这些产业转移。国际劳动统计部门资料显示，发展中国家中，劳动力主要从农业向第三产业转移。房地产作为第三产业的最大产业之一，不仅为本行业吸纳了大量的劳动力，同时对其相关产业的就业起到带动作用。

产业关联的实质是各产业之间在生产、交换、消费、分配过程中发生数量联系的规律性。房地产业关联是指房地产业通过产业关联度与关联产业或部门发生的数量联系。房地产业开发、经营、管理活动涉及生产和生活的方方面面，因而房地产业具有产业链条长、关联性强、涵盖范围广等特点。本文对北京市房地产业和国民经济其他产业关系进行分析，以产业关联理论为指导，运用投入产出模型揭示产业链条上与房地产业相关联产业的前、后向关联关系，量化分析房地产业通过产业关联度带动前、后向关联产业的产量，并最终计算出房地产业带动的各关联产业的就业人数。

乘数原理应用于房地产带动就业方面研究时，与其在经济学中的原始定义略有不同，本文主要是运用乘数原理中变量扩大倍数关系的概念论述房地产业发展带动就业增长的倍数关系。因此文章中的“乘数”具体是指房地产业促进前、后向关联产业所带来的就业增长倍数。由于房地产业具有产业链条长，前、后向关联产业多等特点，其发展带动了诸多关联产业的发展，并通过中间要素的投入对各个相关产业给予了一定的中间需求与供给，从而推动了前、后向关联产业的生产扩张，带动了前、后向关联产业劳动需求量的大量增长，从而对整个社会劳动需求量的增加产生了较大的“乘数效应”。

基于此，房地产业带动就业的乘数效应可描述为：房地产业投入的增长促使房地产业生产得以扩大，从而带来房地产业就业的增长及相关产业需求的增加，相关产业需求增加使得产业生产进一步扩大，这又带动了这些相关产业就业人数的增长，最终房地产业的发展通过乘数作用促使社会总就业人口大大增长。

第三章　房地产业社会经济效应的研究方法与计量模型

本书主要采用系统分析和定量分析等研究方法，即全面系统地研究北京市房地产业的社会和经济效应，其中每一种效应均重点采用量化研究方法，以求客观地评判北京房地产业对国民经济和对社会所发挥的主要作用及其在国民经济中所处的地位。

第一节　投入产出模型及其指标

投入产出模型是产业关联分析的重要方法，本书主要运用该模型测算北京市房地产业与其主要相关产业之间的产业关联度，以便衡量北京市国民经济内部房地产业对相关产业的波及范围和影响程度。

一、投入产出法简介

投入产出分析法是目前世界通用的借助投入产出模型研究产业之间的经济技术联系、产业在国民经济中的地位及其对于国民经济的波及程度等问题的重要方法之一，投入产出模型20世纪30年代由美国经济学家列昂惕夫所开创。

投入产出表在世界上已经过了一段较长的发展历史[1]。20世纪30年代凯恩斯经济学试图通过国家干预解救经济危机的方案促使投入产出表应运而生。国家对经济干预的前提是对经济情况的全面分析，以前从一个企业或一种商品的角度分析市场必须上升到从整体上或者从总量层面上来分析和把握市场经济情况。

列昂惕夫在1931～1933年利用1919～1929年的数据编制了世界上第一张投入产出表。第二次世界大战结束后，美国不但深切感受到投入产出表在战争年代所起的重大作用，还认识到可以通过投入产出表在和平时期从总体上精确细致地把握经济变化情况，便由美国空军和美国劳工部的劳工统计局协作耗资50万美元编制了1947年的投入产出表，该表包括200个部门，规模庞大。

进入50年代，投入产出经济学在西方各国被广泛应用，意大利、比利时、法国、丹麦、荷兰、前联邦德国等欧洲国家以及日本都先后编制投入产出表。到60年代，世界上有90多个国家编制了投入产出表。60年代，联合国总结了各国

---

[1] 见国家统计局国民经济平衡统计司编，《投入产出表的编制和应用》，北京：中国统计出版社，1988年1月。

编制投入产出表的经验，在1968年把投入产出表列入国民经济核算体系（SNA），成为这个体系的重要组成部分❶。

随着投入产出表在世界范围内的广泛应用，投入产出表在理论和方法上都得到了发展和完善。比如，理论上提出了外生变量内生化、投入产出生产函数理论等，对应用投入产出模型进行经济预测有较大作用。同时，投入产出表的编制方法也日益多样化。编制投入产出表，从原来假设一个部门只生产一种产品，拓展到一个部门生产多种产品。联合国总结了一些国家的编表经验，提出了编制U表和V表。投入产出表的应用范围也逐步扩大，由生产领域逐渐扩大到人口、环境污染等方面；从编制一个国家（地区）的投入产出表发展到编制地区间投入产出表，出现了多国模型，如欧洲共同体统计局编制的7个国家、9个国家、11个国家的投入产出表等等。

投入产出表不但在市场经济国家得到广泛应用，在计划经济国家也受到足够重视，比如，前苏联20世纪20年代初就编制过投入产出表，以后又编制了1959年、1966年、1972年、1977年等年份的投入产出表。南斯拉夫在1955年、波兰在1956年、匈牙利在1957年、保加利亚和前民主德国在1960年开始编制投入产出表。目前，投入产出表在OECD国家仍被普遍采用。

20世纪50年代末、60年代初，我国先后从美国和前苏联引进投入产出法，对它进行了初步的研究和介绍。国家统计局在各项专业统计建立起来的基础上，就开始着手建立综合平衡统计。当时，不仅开始编制了社会产品生产、积累和消费平衡表以及国民收入分配、再分配平衡表，而且编制了国民经济部门联系平衡表。后来由于十年动乱，这方面理论研究和实践应用中断，直到70年代中期，才逐步恢复。1975年，国家计委基于研究宏观经济的需要，组织人力编制了一张全国实物投入产出表。此后在一些省市试编投入产出表，摸索经验。1982年，我国编制了1981年全国投入产出表，包括价值投入产出表和实物投入产出表。1984年又编制了1983年全国投入产出价值表。

自1987年国务院下达《关于进行全国投入产出调查的通知》以来，投入产出已成为我国一种周期性的专项大型调查与编表制度，每逢2、7年份编制全国性的投入产出表，0、5年份根据需要利用相关资料编制投入产出延长表，如1987年、1992年、1997年度中国投入产出表，1995年度中国投入产出延长表。同时，省市与国家同步编制了地区级的投入产出表，如，1997年，我国除西藏外所有省市都编制了本省市的投入产出表，部分省市将投入产出表扩大到地市一级。这些投入产出表在国家和地区制定国民经济系列发展规划、研究大型建设项目的投资效果、分析宏观调控政策的波及与旁侧效应、制定科学的产业政策等方面被广泛应用，我国的投入产出表已成为我国

❶ 联合国推广的国民经济核算体系的五个组成部分是国民生产和国民收入、投入产出表、资金流量表、资产负债表和国际收支表。

新国民经济核算体系的一个重要组成部分。

二、投入产出模型的基本原理

投入产出模型基本原理是：在国民经济活动中，每个产业的生产都需要将其他产业的产品或服务作为本产业的投入要素，其他产业的生产活动也同样将该产业的产品或服务作为投入要素。投入产出分析就是通过建立投入产出模型来反映和分析国民经济活动中各产业之间的这种投入与产出、供给与需求的经济技术联系的数量分析方法。投入产出模型包括两种形式，一是投入产出表，二是投入产出数学模型，连接两者的桥梁是各个投入产出系数❶。投入产出表有实物型和价值型两种，在本书以后的分析研究中主要运用价值型投入产出表，故这里主要介绍价值型投入产出表。

表 3-1 是一张表现经济系统各部门的投入来源与产出去向的价值型投入产出平衡表。表的主栏是投入栏，列向表现对各种投入要素的消耗和使用，即投入的来源；表的宾栏为产出栏，行向反映产品生产出来之后的分配使用去向，即产出的去向。其中主栏的中间投入与宾栏的中间产品纵横交错形成表的第Ⅰ象限，这是投入产出表的核心。表的主栏由中间投入向下延伸，将中间投入表现的物资形态投入要素扩展为更广的其他形态，如劳动力、固定资产等，即表的第Ⅰ象限向下延伸形成第Ⅲ象限，表的宾栏从中间产品向右扩充，使只反映本年生产中使用的中间产品拓宽至脱离该年生产过程的其他使用去向，如消费、投资、出口等，即表的第Ⅰ象限向右扩充构成第Ⅱ象限❷。

价值型投入产出简表 **表 3-1**

投入 \ 产出		中间产出				最终产出				总产出
		部门 1	部门 2	……	部门 n	消费	投资	出口		
中间投入	部门 1	x_{11}	x_{12}	……	x_{1n}	W_1	K_1	F_1	Y_1	X_1
	部门 2	x_{21}	x_{22}	……	x_{2n}	W_2	K_2	F_2	Y_2	X_2
	……	第Ⅰ象限				第Ⅱ象限				……
	部门 n	x_{n1}	x_{n2}	……	x_{nn}	W_n	K_n	F_n	Y_n	X_n
初始投入	折旧 G	G_1	G_2	……	G_n					
	劳动报酬 V	V_1	V_2	……	V_n					
		第Ⅲ象限								
	纯收入 M	M_1	M_2	……	M_n					
总投入		X_1	X_2	……	X_n					

❶ 参见刘启运、程卫平，《宏观经济预测与规划》，北京：中国物价出版社，1998。

❷ 参见刘起运，《投入产出分析》，北京：中国人民大学出版社，2006。

投入产出模型是通过投入产出表三大部分相互连接，从总量和结构上全面、系统地反映国民经济各部门从生产到最终使用这一完整的经济活动过程中的相互联系和平衡关系。投入产出数学模型是根据投入产出表建立的平衡关系[1]。

行平衡关系：中间产出 + 最终产出 = 总产出，即

$$\sum_{j=1}^{n} x_{ij} + y_i = X_i (i = 1,2,\cdots n) \tag{3-1}$$

列平衡关系：中间投入 + 初始投入 = 总投入，即

$$\sum_{i=1}^{n} x_{ij} + N_j = X_j (j = 1,2,\cdots n) \tag{3-2}$$

总量平衡关系：总投入 = 总产出

每个部门的总投入 = 该部门的总产出

中间投入合计 = 中间产出合计

三、投入产出模型的主要指标

投入产出模型的主要指标有直接消耗系数、完全消耗系数、直接分配系数、完全分配系数等指标，其中，直接消耗系数和完全消耗系数衡量一个产业与其相关产业通过直接和间接的方式产生的后向关联度，即一个产业与向本产业提供生产要素的产业或部门的生产技术联系程度；直接分配系数和完全分配系数衡量一个产业与其相关产业通过直接和间接的方式产生的前向关联度，即一个产业作为一种生产要素提供给其他产业时产生的生产技术联系程度。本书用完全消耗系数表示房地产业对相关产业的后向拉动效应，用完全分配系数表示房地产业对相关产业的前向推动效应，用完全消耗系数与完全分配系数之和表示房地产业发展对其相关产业产生的总带动效应。

1. 直接消耗系数

直接消耗系数：某产业或部门生产一个单位产值对另一产业或部门产品的直接消耗量。在投入产出表中是第Ⅰ象限第 i 产业投入价值占 j 产业总产值的比例，即第 j 部门生产单位产出所消耗第 i 部门产品或服务的数量。用公式表示为：

$$a_{ij} = \frac{x_{ij}}{x_j} \quad (i,\ j=1,\ 2\cdots,\ n) \tag{3-3}$$

式中：a_{ij}——第 j 产业对第 i 产业的直接消耗系数；

x_{ij}——第 j 产业对第 i 产业的直接消耗值；

x_j——第 j 产业的总产值。

a_{ij}反映了第 j 产业对第 i 产业的直接消耗强度，其值越大，说明第 j 产业对第 i 产业的依赖程度越强，反之则对第 i 产业的依赖程度较弱。当计算出每一产业对其他各产业的直接消耗系数之后，便可得到直接消耗系数矩阵。

---

[1] 参见刘水杏，《房地产业关联特性及带动效应研究》，北京：中国人民大学出版社，2006，第 31 页。

2. 完全消耗系数

完全消耗系数：某产业生产过程中，除了与其他产业有直接联系外，还存在很多间接联系，完全消耗系数是指某产业或部门生产一个单位产值对另一产业或部门产品的完全消耗量，包括所有直接消耗量和间接消耗量，其值根据直接消耗系数推倒得来的，用公式表示为：

$$B=A\ (I-A)^{-1}=\ (I-A)^{-1}-I \tag{3-4}$$

式中：B——完全消耗系数矩阵；

A——直接消耗系数矩阵；

$(I-A)^{-1}$——完全需求系数矩阵。

3. 直接分配系数

直接分配系数：某产业的发展除了需要其他产业部门提供的产品或服务作为中间投入外，同时也为其他产业的发展提供原材料，直接分配系数表示本产业直接分配给其他产业的产品占本产业总产出的比重。在投入产出表中是价值流量表第Ⅰ象限某产业所在行的各个分配值与该行对应的产业总产出之比，用公式表示为：

$$r_{ij}=x_{ij}/x_i \qquad (i,\ j=1,\ 2\cdots,\ n) \tag{3-5}$$

式中：r_{ij}——第 i 产业对第 j 产业的直接分配系数；

x_{ij}——第 i 产业分配给第 j 产业作为中间产品使用的价值量；

x_i——第 i 产业的总产值。

直接分配系数越大，说明第 i 产业对第 j 产业的直接供给推动作用越明显。

4. 完全分配系数

完全分配系数：同完全消耗系数的含义类似，某产业除了通过直接联系将本产业的产品或服务分配给其他产业外，还通过间接联系将本产业产品分配给其他产业，完全分配系数衡量某产业通过直接和间接方式向其他产业提供产品或服务而对其他产业产生的完全推动作用。其值可根据直接分配系数计算，用公式表示为：

$$D=(I-R)^{-1}R=(I-R)^{-1}-I \tag{3-6}$$

式中：D——完全分配系数矩阵；

R——直接分配系数矩阵；

I——单位矩阵。

完全分配系数越大，说明一个产业对另一个产业的完全供给推动作用越大，产业之间的前向完全关联度越大。

第二节　产业贡献率测算方法——增长值贡献法、增长拉动率法

本书主要运用增长值贡献法和增长拉动率法测算北京市房地产业对国民经济的贡献率，以此衡量该产业在北京市整体经济中所处的地位。

一、增长值贡献法

增长值法测算某产业对经济的贡献率，即该产业增加值的增量与国民经济总产值增量的比率，反映了该产业对国民经济的贡献程度。

用 G_t 和 G_t-1 分别表示某产业当期和基期的产值，GDP_t 和 GDP_{t-1} 分别表示国民经济当期和基期的产值，则增长值法测算贡献率的公式为：

$$a=(G_t-G_{t-1})/(GDP_t-GDP_{t-1})\times 100$$

a 值越大，说明该产业对国民经济增长所贡献的百分比越大，反之越小。

二、增长拉动率法

增长拉动率是某一产业的产出增长对国民经济总产出增长率的贡献程度。它判断的是某产业对国民经济增长的贡献大小[1]，用公式表示为：

$$\Delta GDP/GDP=(\Delta M_1/M_1)\times(M_1/GDP)+(\Delta M_2/M_2)\times(M_2/GDP)+\cdots+(\Delta M_n/M_n)\times(M_n/GDP)$$

右式中的（$\Delta M_i/M_i$）×（M_i/GDP）即为某产业对经济增长贡献的百分点，也可称为增长拉动率。它等于某产业自身的增长速度（$\Delta M_i/M_i$）与其占 GDP 的比重（M_i/GDP）的乘积。

第三节　就业产量弹性模型

弹性最早出于物理学中物体受力后的形变程度。弹性概念引入到经济学中，它表明某一变量对另一变量变化的反映程度，弹性的大小可以用弹性系数，即两个变量变动的百分比来表示，具体来说弹性表示因变量变动的百分比对自变量变动百分比的反应程度，其大小可以用弹性系数来计量，弹性系数等于因变量变动的百分比除以自变量变动的百分比，由于是用变量间百分比来考察相互关系，所以弹性不受单位不同的约束。

利用弹性分析的优点包括：第一，弹性分析简单易行，这种分析预测方法概念直观、计算简单；第二，弹性是一个无量纲的数，因而它与两个相关变量的单位无关。

[1] 参见李双久，《房地产业与国民经济发展的国际比较研究》，长春：吉林大学博士论文，2007。

弹性分析的缺点在于它只考虑了两个经济变量间的关系，而忽略了其他变量的影响，其测算结果比较粗糙，精度不高，尽管如此，运用此方法还是有助于分析北京房地产业带动社会就业的数量关系。

本书利用就业产值弹性来考察各个产业对劳动力的吸纳能力，并以此判断北京房地产业发展带动就业的效果。就业产值弹性是指在某一时期内就业数量的变化率与产值变化率之比。它是衡量经济增长引起就业增长大小的一个指标，用它可以判断各个产业对就业的吸纳能力。具体到房地产业及其房地产业关联产业的就业产值弹性，也就是各产业的产业产值增长率每改变百分之一引起该产业就业增长率变动的百分比。通常经济增长与就业人数之间呈非线性关系，本书采用中科院国情分析小组建立的经济增长与就业人数之间的非线性模型，具体函数关系如下：

$$L = f(Y) = aY^{\alpha} \tag{3-7}$$

其中，Y 表示产业的产值，L 表示就业人数，a 表示常数，α 表示就业产值弹性系数。由于经济增长和就业增长的非线性关系，需要对式（3-7）两边取对数，获得就业增长方程：

$$\ln L = \ln a + \alpha \ln Y \tag{3-8}$$

这样，在式（3-8）的基础上构建回归方程如下：

$$\ln L = a + b\ln Y + e \tag{3-9}$$

式中，L 表示就业人数；Y 表示 GDP；a 为常数；e 表示随机误差，样本可以根据具体情况加以确定；b 表示就业吸纳弹性。

本书收集北京房地产业及其关联产业产量数据，并结合各个产业就业人数数据构建房地产业、各个关联产业的就业产量模型，根据模型数据，利用 SPSS 统计软件计算出北京房地产直接吸纳本行业就业产量弹性，房地产间接带动相关产业的就业产量弹性，根据统计出的弹性数据定量分析北京房地产业对社会就业带动作用。

第四章　北京市房地产业社会经济效应的定性分析

本章在概述北京市房地产业发展概况的基础上，不仅从投资、销售等微观领域，而且从宏观上如房地产业对财政收入的贡献、对就业的带动等多层面定性地分析了北京市房地产业对国民经济的重要影响。

第一节　北京市房地产业的发展背景与发展阶段

伴随着全国房地产业发展与城镇住房制度改革以及城市土地使用制度改革的逐步推进和深化，北京市房地产业逐渐形成一个独立的产业。在短短二十几年的历程中，该产业发展速度飞快，为首都经济发展做出了特殊贡献。

在近二十年的发展历程中，北京的房地产业经历了初步发展、过热发展到持续繁荣发展等主要阶段，正处于从不成熟逐步走向成熟的过程之中。目前，北京房地产业在全国房地产业发展中具有典型性和代表性。

（1）北京房地产业的兴起与初步发展阶段（1979～1991 年）

在这一阶段，国家明确了房地产的商品性，城市土地使用制度改革和城镇住房制度改革开始起步并逐渐推行。在住房制度改革方面，邓小平同志在 1980 年关于住房制度的谈话，提出了住房可以买卖的商品经济思想。随着国务院在《全国基本建设工作会议汇报提纲》中正式提出实行住房商品化政策，并在北京等城市进行公有住房出售试点，迈开了北京市发展房地产的步伐。

在土地制度方面，北京 1985 年开始征收土地使用费和使用税，1991 年开始出让土地使用权，土地供应一级市场逐渐形成。

房地产开发方面，1980 年北京市成立了各级“住房统建办公室”，分别负责其管辖范围住房建设工作。后来这些办公室转变为北京城建开发总公司，拉开了北京房地产综合开发的序幕，并在随后的几年中不断扩大城镇房地产开发的规模。

（2）北京房地产业发展过热与调整阶段（1992～1997 年）

1992 年至 1993 年，北京房地产业处于发展过快过热阶段。1992 年后，房地产业开始成为我国经济发展的一大热点，房地产开发投资高速增长，房地产开发机构猛增，1993 年仅国有房地产经营机构就达 29625 个。北京 1992 年、1993 年房地产开发投资额分别为33.7亿元和58.4亿元，1992年房地产开发投资额比上年增长40.4%，1993年猛增至73.3%，北京市商品房销售收入也呈大幅度飙升态势，从1992年的25.5亿元上升到1993年的41亿元，到1994年又上升到60.4亿元。

在高利润诱导下，银行、企业和个人大量资金涌向房地产业，导致了投资结构的失衡，普通住房供给不足，而高档商品住宅、别墅与写字楼的建设超过了需求，房地产业出现了过热和泡沫化的倾向。为此，政府在1994年开始对房地产业采取宏观调控措施，北京房地产市场进入了规范化管理阶段。不过，北京房地产投资额、商品房销售面积等指标从1992至1997年一直呈增长态势，北京房地产业发展较快。

（3）北京房地产业持续发展的繁荣阶段（1998~2007年）

1998年以来，随着住房制度改革的不断深化，中国房地产市场整体出现了飞跃。1998年7月3日，国务院发布了23号令，即《国务院关于进一步深化城镇住房制度改革加快住房建设的通知》，通知要求从1998年下半年开始停止住房实物分配，也就是停止福利分房。为落实国务院的通知，北京市于1999年出台了《北京市进一步深化城镇住房制度改革加快住房建设实施方案》，至此北京市的福利分房制度逐步退出历史舞台，北京开始了小步慢跑的房产改革，在北京市实行了五十多年的福利分房制度逐渐退出历史舞台，个人取代单位成为商品房的消费主体[1]。作为首都，北京的房地产业发展迅速，房地产业增加值、房地产开发投资额逐年上升，商品房施工面积、年度新开工面积、年度销售面积、房地产企业个数等指标数据逐年攀升。

2003~2007年，伴随我国经济的高速发展，北京市房地产业进入持续繁荣发展阶段，房地产投资额逐年增加，房价逐年攀高，居高不下。为保证房地产业健康发展，政府先后采取加强土地管理、财政税收、货币金融、加大保障性住房及小户型住房供应等多种政策调控过热的楼市，在保证北京房地产理性增长、抑制房价方面成效显著。

（4）北京市房地产业的短暂低迷和高涨（2008年至今）

自2007年底开始，受美国金融危机和全球性经济低迷的影响，我国经济发展面临走向下行的风险，房地产业出现缺少开发资金、市场销量锐减等迹象与问题，并成为北京各大房地产企业共同面临的问题，持续繁荣十几年的北京房地产业在2008年开始停滞，楼市开始低迷。据北京建委统计，自2008年8月起，北京商品房成交量和房价双双下降，房地产商资金链断裂，缺少拿地、楼盘建设开发的资金成本，大多数企业为了节约人力资本，纷纷缩减员工数量，房地产业吸纳本行业就业人数开始减少。同时，房地产业关联产业如钢铁、水泥、建材、物

---

[1] 参见新京报社，《北京地产十五年》，北京：中国经济出版社，2006.3。

业服务业、金融业受到房地产业低迷影响，不同程度出现低迷，各产业就业量也开始减少。从2008年10月起，政府又公布了多项针对房地产业的调控和刺激政策，从税收、信贷等方面入手稳定房地产业，保证国民经济平稳健康发展，促进社会就业有序增长。

总之，从发展趋势看，多年来北京市房地产业与宏观经济相伴，呈现起起落落的发展态势，但总体来讲，北京房地产投资额、商品房销售面积等指标从1992年至2010年一直呈增长态势，产业发展较快，是带动国民经济健康发展的重要产业。

第二节　北京市房地产业的宏观经济作用和社会环境效应

一、北京市房地产业对财政收入的贡献

随着《土地管理法》、《招标拍卖挂牌出让国有土地使用权规定》、《国务院关于深化改革严格土地管理的决定》、《中华人民共和国物权法》等一系列规范土地使用制度的相关法律法规的出台，使城市土地使用制度逐步完善，将之前“无偿、无限期、无流动”的土地使用制度改为更加公开透明的“有偿、有限期、有流动”的土地使用制度，充分体现了土地交易市场公平、公开、公正的原则。在国土资源部出台的《招标拍卖挂牌出让国有土地使用权规定》中，明确规定经营性用地均需通过公开的土地交易市场进行招标、拍卖、挂牌出让。房地产业的快速发展大大增加了政府土地收益，相应的增加了政府财政收入。2004～2009年，北京市土地成交价款及政府土地收益呈显著增长态势，其中政府土地收益从2004年的32.85亿元上升到2009年的556.76亿元，尤其是2006年以后上升速度明显加快。土地收益已经成为政府的一项重要财政来源。2004年，北京市政府土地收益占财政收入的比例为3.96%，到2009年这一比例已上升至27.47%，高达四分之一以上，政府土地收益作为财政收入的来源之一，其地位和作用越来越凸显，为城市基础设施建设、城市发展提供了强有力的资金支持（表4-1和图4-1）。

2004～2009年北京市政府土地收益情况表　　表4-1

年　份	成交价（亿元）	出让金/政府土地收益（亿元）	财政收入（亿元）	政府土地收益占财政收入的比例（%）
2004	115.31	32.85	830.03	3.96
2005	117.51	39.31	1007.35	3.90
2006	257.67	92.11	1235.78	7.45
2007	438.10	204.34	1882.04	10.86
2008	500.12	170.82	2282.04	7.49
2009	966.28	556.76	2026.80	27.47

资料来源：北京市土地整理储备中心，北京统计信息网。

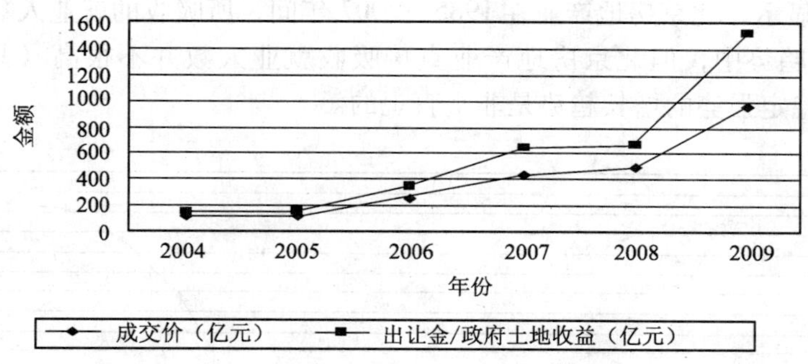

图 4-1 2004 ~ 2009 年北京市土地收益

二、北京市房地产业发展对社会就业的定性分析

随着北京市房地产业的快速发展，房地产业的从业人员也不断增加，见表 4-2。到 2007 年年底，房地产业的就业人数达到 47.3 万人，约是 1990 年 3.4 万人的 14 倍。

不同年份北京市房地产从业人数占社会从业总人数比重 **表 4-2**

年份	房地产业就业人数（万人）	全市就业总人数（万人）	房地产占全市就业总人数（%）
1985	1.5	574.8	0.26
1990	3.4	627.1	0.54
1995	6.8	665.3	1.02
1996	7.0	660.2	1.06
1997	7.4	655.8	1.13
1998	9.4	622.2	1.51
1999	10.6	618.6	1.71
2000	12.5	619.3	2.02
2001	13.8	628.9	2.19
2002	16.7	679.2	2.46
2003	19.7	703.3	2.80
2004	32.1	854.1	3.76
2005	38.1	878.0	4.32
2006	42.7	919.7	4.64
2007	47.3	1007.1	4.69

资料来源：1985 ~ 2007 年的《北京统计年鉴》、《中国统计年鉴》。

图4-2显示，北京房地产业在1985～2007年间，所吸收的就业人数比重处于稳定的增长趋势中，但北京房地产业直接吸收就业人数并不很高（只有4%左右），但其稳定强势的增长趋势是非常直观的。

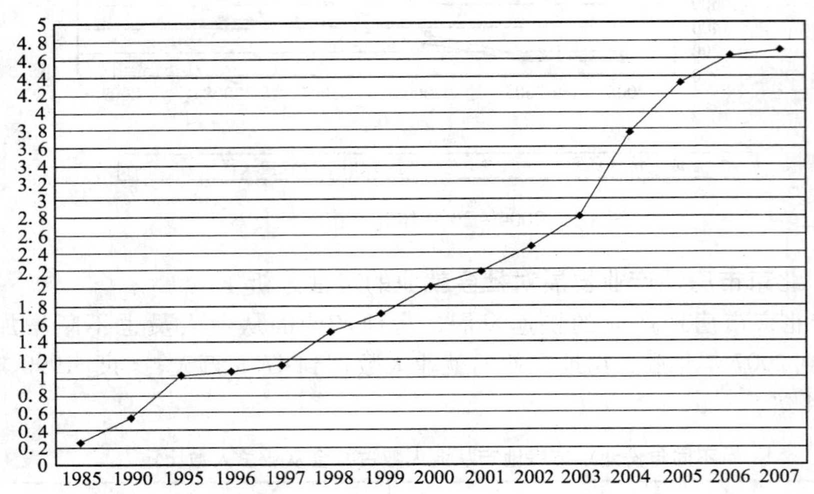

图4-2　1985～2007年房地产业就业人数占北京市就业总人数比重（%）

仅对北京房地产业进行单独的分析，不能得到较为直观的比较分析结果。因此，本部分对《北京统计年鉴》中几个重要产业就业人数占北京从业总人数的比重进行分析，以此与房地产业的就业情况进行对比分析。为了保持时间上的顺序和间隔，我们选用1992年、1995年、1997年、2002年、2007年间各行业从业人员数据，得到各年重要产业占社会从业总人数比重，见表4-3。

由表4-3可以看出，诸多产业直接从业人员都呈现明显的下降趋势，如农林牧渔业、制造业、采矿业等。只有金融保险业、房地产业、批发零售贸易和餐饮业等保持稳定的增长趋势。因此，尽管房地产业直接从业人员占该年度总人数的比重并不高，但其就业却呈稳定增长趋势。

各主要产业近年就业人数统计（万人）　　**表4-3**

	2002年	2003年	2004年	2005年	2006年	2007年
农林牧渔	85.2	84.6	70.7	70.9	67.6	71.4
采矿业	5.3	5.0	4.6	4.7	2.97	3.6
制造业	2003.1	197.1	188.7	174.6	145.2	147.5
建筑业	69.9	72.8	70.9	73.9	83.2	71.1
金融业	5.0	5.8	6.3	7.8	8.2	16.9

续表

	2002 年	2003 年	2004 年	2005 年	2006 年	2007 年
交通运输、仓储和邮政业	26.2	27.8	28.8	32.9	35.2	63.3
批发零售贸易、住宿餐饮业	70.8	73.6	80.8	92.8	100.8	141.8
卫生、社会服务和社会保障业	14.2	14.7	13.7	13.7	14.2	42.8
科学研究、技术服务和地质勘察业	24.6	26.5	24.3	22.4	21.4	22.8
房地产业	16.7	19.7	32.1	38.1	42.7	47.3

资料来源：各年份的《北京统计年鉴》。

三、北京市房地产业发展对自然与人文环境的影响

土地是人类各种活动的载体，人类建设自己生活和工作场所的过程也是改变原有自然环境和创造人文环境的过程。房地产业的发展、房地产规划开发对原有土地利用方式产生较大的影响，原有的土地、水体、大气、阳光、生物等自然生态系统也会随之发生较大的改观，形成一种以人工地貌为主的新环境。

房地产业的合理发展，可以充分发挥人工环境的优越性，尽可能地避免对生态环境的负面影响和破坏。主要体现在：（1）清洁优美的水域、空气、绿地公园、其他生物等优质的生态系统。尽管房地产业发展必然对原有自然环境产生较大程度的干预，但合理的房地产业开发和经营会美化原有的自然环境，使其更加规则美观、方便卫生，更符合人们的工作和生活需求。（2）便捷、完备的基础设施和社会设施。供水、供电、供气、供暖、通信、交通等基础设施以及科学、教育、文化、卫生、体育等社会设施是实现地区物质、能量、信息交换的基本条件，也是人们生活水平和生活质量的衡量标志。房地产业的合理发展可以极大地促进这些设施的建设和完善。（3）美丽的建筑物景观。建筑物是人工生态环境系统中的核心，具有美学价值的建筑物不仅能够满足人们对活动空间的需求，更是作为标志性的景观成为城市的风景。合理的房地产业发展必然在各种规划和开发中更注重这一点。总之，房地产业的良性发展可以使当地曾经落后的生态环境彻底改观，昔日脏乱的村舍、沟渠被美观的楼房、街道代替；过去的垃圾场成为壮观的体育中心。在欧洲和北美，很多城市规划合理，建筑物错落有致、自然和谐，公园、绿地、住宅、工厂、树木、河流交错，整个城市就是一座花园，令人赏心悦目。

但是，缺乏科学布局的房地产开发可能超出环境承载力的极限，使水体、空气、各种生物等资源不堪重负、过度使用，最终对自然生态造成极大的破坏，出现热岛效应、温室效应、峡谷效应等一系列不良反应，陷入恶性循环之中。比

如，不合理的房地产开发，由于设计不合理，配套措施不足，固体废弃物污染得不到及时处理，水体和大气就将受到污染，加上大量的高层建筑拥塞空间，空气流通不畅，绿色植被稀少，空气变得污浊，氧气缺乏，出现疾病蔓延等环境公害。不合理、不配套的房地产业开发和运营还会使建设和管理相脱节，致使各项基础设施和社会设施的建设滞后、维护不力，出现拥挤、短缺、运行不畅，最终降低效率和质量。缺乏合理布局的房地产开发还可能造成建筑物密度过大且内部空间狭小，造型单调，杂乱无章，缺乏美感和文化底蕴。这种环境质量下降、建筑物破损、生活设施残缺等一系列问题的存在与蔓延，使地区整体上不可避免地呈现“脏、乱、差”局面。

我国古代“孟母三迁”的故事说明的是人文环境对人类生活的重要价值。房地产业发展不仅对地区自然环境有较大程度的影响，对人文环境的影响也不容忽视。随着收入水平的提高，人们对生活质量的需求逐步上升，不仅要求物质生活方便、安逸、舒适，而且要求精神生活上轻松、丰富、多彩，无论身在何处，都需要有更多的触角伸向社会。住宅社会学研究表明，良好的环境不仅能减少烦恼、焦虑、矛盾、摩擦、乃至某些危害社会的不轨行为，还会形成互助、互谅的社会风气，促进身心健康。房地产业的合理发展在极大地满足人们住房需求的同时，还可营造良好的生活和工作氛围，满足人们日益提升的各种精神需求。

经过近二十年的发展历程，北京市房地产业在城市建设中无论从自然环境改善还是人文环境塑造方面的显著成效均有目共睹。

第三节　北京市房地产业的微观经济作用

在微观层面上，北京市房地产业的发展不论从市场供给，还是市场需求来看，都是飞速发展，逐年递增的，见表4-4。

1995～2007年北京市房地产市场发展概况　　表4-4

年　份	房地产开发企业数（个）	房地产当年投资额（亿元）	商品房销售面积（万 m^2）	商品房销售额（亿元）	商品房施工面积（万 m^2）	商品房竣工面积（万 m^2）
1995	320	352.8	191.9	69.8	1544.5	206.3
1996	507	328.2	215.3	94.7	2293.3	386.1
1997	618	330.3	290.9	164.1	2914.2	536.7
1998	756	377.4	409.2	214.4	3499.1	842.8
1999	958	421.5	544.4	307.5	3784.0	1208.5
2000	1572	522.1	956.9	407.7	4455.0	1365.6
2001	2074	783.8	1205	609.9	5966.7	1707.4
2002	3220	989.4	1708.3	813.8	7510.7	2384.4

续表

年份	房地产开发企业数（个）	房地产当年投资额（亿元）	商品房销售面积（万 m^2）	商品房销售额（亿元）	商品房施工面积（万 m^2）	商品房竣工面积（万 m^2）
2003	2946	1202.5	1895.8	898	9070.7	2593.6
2004	2936	1473.3	2472	1249.1	9931.3	3067.0
2005	3123	1525	2803.2	1758.8	10748.5	3770.9
2006	2882	1719.9	2607.6	1834.5	10483.5	3193.9
2007	3089	1815.3	2831.5	1956.7	10810.2	3546.7

资料来源：1996 ~2007 年《北京市统计年鉴》。

综上所述，定性分析表明，从宏观层面看，北京市房地产业发展迅速，房地产开发投资额占全社会固定资产投资的比重较高，且房地产投资的区域差异较大。房地产业总体发展规模大，对全市财政收入、社会就业等都产生了较显著的影响作用。

从微观层面看，北京市外来人口多，市场需求大，其中投资需求占较大比重，房地产市场活跃。根据北京市统计局、国家统计局北京调查总队发布的北京市 2009 年国民经济和社会发展统计公报的数据显示，2009 年北京市常住人口比上年末增加了 60 万人，达到 1755 万。其中，外来人口 509.2 万人，占常住人口的比重为 29%，如此大规模的常住人口必然相应地增加对房地产的需求，北京市房地产业的市场潜力巨大。一份来自北京房地产信息网关于《北京楼市 2003 年度统计报告》的统计数据显示，以销售面积为统计口径，2003 年北京本市城镇居民购买房屋的面积占总销售面积的 74%，外省市个人购买比例占到了 21%。2004 年，外省市人口在京购买的房屋面积超过了北京房屋总销售面积的 30%[1]。根据中国统计年鉴的统计数据显示，北京市 2007 年人均地区生产总值为 58204 元，仅低于上海的 66367 元/人，居全国第二位[2]。北京市 2009 年人均可支配收入 26738 元，远高于国内其他城市尤其是二线城市，可见，北京的消费水平、居民购买能力较高。虽然“高房价”问题一直是市民热议的话题之一，但不可否认“高房价”仍然有市场，楼盘的热销仍然屡见不鲜。

北京作为国家首都，具有较独特的人文历史环境，很多东西是不可复制、不可模仿的，又由于房地产产品的不可移动性，区域性较强，使得北京的房地产产品，尤其是特殊地段的房地产产品显得尤为稀缺，产品升值速度显著；加之奥运会等国际性大型盛会的召开，更增加了其城市魅力及吸引力，吸引了诸多投资者。

总之，北京市房地产市场从总体发展规模、市场需求、消费水平、城市魅力等多方面都具有较独特的个性特点，社会层面和经济层面的影响均很大。

---

[1] 引自满璇、杨万荣，《北京房地产业的经济环境和地理文化因素分析》，商业时代，2009 年第 13 期。

[2] 参见《中国统计年鉴》，2008。

第五章　北京市房地产业对相关产业的带动效应

目前，理论界已达成共识，认为房地产业因其产业链长、关联产业多、创造就业能力强而同国民经济发展状况乃至整个社会的稳定密切相关，房地产业的过度发展或发展不足都极易对宏观经济产生不良影响甚至是破坏作用，特别是在金融危机和经济危机中容易推波助澜，甚至成为金融危机的导火索。

从产业结构和产业间的相互联系看，房地产业与国民经济中其他产业的关联方式多种多样，直接关联、完全关联、前向关联、后向关联，一种产业与房地产业的关系通常综合了以上几种关联方式，充分反映了房地产业与国民经济各产业显著的关联特性。因此，一旦房地产业的发展出现问题将迅速波及这些密切关联产业。按照一些学者的说法，房地产行业非常重要，它拉动 50 多个行业，上游拉动钢铁、建材，下游拉动家用电器，甚至可以一直拉到窗帘、纺织品，所以它的拉动力很强❶。因此，国家在制定相关产业政策时应考虑到这种拉动效应，实现经济平稳健康发展。

本部分的数据资料主要选用北京 2002 年 42 个产业投入产出表、2005 年 42 个产业投入产出延长表❷以及上海、江苏、浙江、甘肃等省市 2002 年 42 个产业投入产出表，运用投入产出模型，从前向、后向、直接、间接等不同角度定量研究北京房地产业对其相关产业的带动效应，揭示近期房地产业与关联产业的内在结构关系，从产业链角度反映房地产业的波及范围及其对不同产业的影响程度。

第一节　相关产业的选择方法与测算思路

理论上，产业关联指的是国民经济中一个产业与另一个产业之间的技术经

---

❶ 参见亚博房地，2009. 12. 08。

❷ 由于我国投入产出表每五年编制一次，如 1997 年投入产出表、2002 年投入产出表；五年之间根据需要编制投入产出延长表，如在 1997 年与 2002 年之间编制 2000 年投入产出延长表，因此，每张投入产出表均反映一段时期内各产业的发展状况及产业之间的经济联系。2005 年投入产出延长表是目前最新可用数据表，2007 年投入产出表尚未公布。尽管如此，2005 年投入产出延长表的数据可能会因时滞致使文中定量分析结果与实际有一些偏离。但研究的最终目的是通过量化分析把握房地产业的关联特性，为制定房地产业发展政策、维护国民经济健康运行提供建议，而不是以得出一些静态的数字为目标。在本研究中，投入产出表得出的数据仅作为我们分析的重要依据。

济联系，关联度是对关联关系的量化。从产业之间供给与需求联系的角度可将房地产业与其相关产业之间的关联关系分为两种：一是后向关联，即因其他产业作为生产要素和中间投入被房地产业消耗而产生的关联；二是前向关联，即其他产业需求房地产业产品或服务而产生的关联。进一步地，每种关联关系中，因直接供给与需求产生的产业关联称为直接关联，因直接和间接共同作用产生的关联关系称为完全关联，这样，房地产业与任何一个相关产业之间的关联关系可细分为4种，即后向直接关联、后向完全关联、前向直接关联和前向完全关联。

借助投入产出模型可分别对北京房地产业与其相关产业之间的后向直接关联度、后向完全关联度、前向直接关联度、前向完全关联度进行计算和分析，选择的关联度指标是直接消耗系数、完全消耗系数、直接分配系数和完全分配系数。

用直接消耗系数表示后向直接关联度大小，其经济含义是：房地产业每生产一个单位产值对另一产业产品的直接消耗量。用完全消耗系数表示后向完全关联度大小，即房地产业生产一个单位产值对另一产业产品通过直接和间接方式所产生的完全消耗量。

用直接分配系数表示前向直接关联度的大小，直接分配系数表示房地产业作为生产要素直接分配给另一产业的产品占本产业总产出的比重。用完全分配系数表示前向完全关联度，其经济含义是：房地产业每一个单位增加值通过直接或间接联系向另一个产业提供的完全分配量。

房地产业与相关产业关联度的计算方法是：首先，利用2002年、2005年各年投入产出表的中间消耗和总产出价值流量数据可以计算出直接消耗系数矩阵和完全消耗系数矩阵；其次，借助直接消耗系数矩阵、完全消耗系数矩阵、总产出数据计算直接分配系数矩阵和完全分配系数矩阵（计算公式见本书第三章）；最后，再用直接消耗系数、完全消耗系数、直接分配系数、完全分配系数分别表示后向直接关联度、后向完全关联度、前向直接关联度和前向完全关联度。用房地产业对应的完全消耗系数列表示后向拉动效应，用完全分配系数行表示前向推动效应，房地产业对同一产业的后向拉动效应与前向推动效应之和为房地产业对该产业的总带动效应。

房地产业密切关联产业的选择方法是：借助Excel统计工具将后向、前向关联效应分别按降序进行排列并计算平均数，将关联效应高于平均关联效应的产业作为房地产业的密切关联产业，关联度大于0但小于平均关联度对应的产业是房地产业的非密切关联产业，关联度为0时，说明产业之间无关联关系。

第二节　北京市房地产业对其主要关联产业的带动效应

本部分的数据资料来源于2005年北京市42×42产业投入产出延长表，测算房地产业与各产业的关联度和总带动效应，以反映近期北京市房地产业对密切相关产业的影响程度。

一、后向关联产业类型及关联度

从产业链上看，房地产业对各产业提供产品或服务需求量不同，有些产业的产品是房地产业运营中的重要投入要素，而另一些产业却并非如此，这就需要明确量化处理房地产业对其不同关联产业需求拉力的大小和差别。后向关联产业可分为后向直接关联和后向完全关联两种。

1. 后向直接关联产业及关联度

根据北京市2005年投入产出延长表进行相关测算，在42个产业中，与房地产业有后向直接关联关系的有39个产业，只有3个产业与房地产业的直接关联度为0，分别是石油和天然气开采业、金属矿采选业、废品废料业。

在39个有直接关联关系的产业中，有8个与房地产业的关联度高于平均关联度，属于密切关联产业，如表5-1所示。这些产业在房地产业直接消耗总量中的累积比例已达83%，且这8个产业均是第二产业或第三产业，其中仅第三产业中的金融保险业、租赁和商务服务业两项的比重累加已达53%，超过一半，说明北京市房地产业与金融保险业、租赁和商务服务业的关联关系极其密切，对这两个产业的直接拉动作用明显。这与房地产业资金密集型的产业特点有很大关系。

北京市2005年42个产业中房地产业的后向直接关联密切产业及其关联度　　表5-1

后向直接关联密切产业名称	代码	直接关联度	比重	比重累加	位次
金融保险业	32	0. 1334	0. 3653	0. 3653	1
租赁和商务服务业	34	0. 0613	0. 1679	0. 5332	2
建筑业	26	0. 0352	0. 0964	0. 6297	3
电力、热力的生产和供应业	23	0. 0249	0. 0682	0. 6978	4
信息传输、计算机服务和软件业	29	0. 0139	0. 0381	0. 7360	5
住宿和餐饮业	31	0. 0138	0. 0378	0. 7738	6
交通运输及仓储业	27	0. 0104	0. 0286	0. 8024	7
仪器仪表及文化办公用机械制造业	20	0. 0098	0. 0269	0. 8293	8
42个产业直接消耗系数均值		0. 0087			

资料来源：根据北京市2005年42个产业投入产出延长表计算而得。

2. 后向完全关联产业及关联度

根据北京市2005年投入产出延长表进行相关测算，计算结果显示，42个产业均与房地产业有后向完全关联关系，其中后向完全关联密切的产业有16个，如表5-2所示。这些密切关联产业在房地产业完全消耗总量中的比例已累计达79%，其中：金融保险业、租赁和商务服务业、电力、热力的生产和供应业、信息传输、计算机服务和软件业、交通运输及仓储业、建筑业、交通运输设备制造业的比重累加已达53%，与房地产业的关联度很大。对比表5-1和表5-2，后向完全关联密切产业的个数是后向直接关联密切产业个数的两倍，且后向直接关联密切产业同时也是后向完全关联密切产业。这个测算结果反映了房地产业与其他产业广泛而复杂的联系。

北京市2005年42个产业中房地产业的后向完全关联密切产业及其关联度　　表5-2

后向完全关联密切产业名称	代码	完全关联度	比重	比重累加	位次
金融保险业	32	0.1708	0.1738	0.1738	1
租赁和商务服务业	34	0.0940	0.0956	0.2694	2
电力、热力的生产和供应业	23	0.0651	0.0662	0.3356	3
信息传输、计算机服务和软件业	29	0.0529	0.0538	0.3894	4
交通运输及仓储业	27	0.0481	0.0489	0.4383	5
建筑业	26	0.0473	0.0482	0.4864	6
交通运输设备制造业	17	0.0410	0.0417	0.5281	7
通信设备、计算机及其他电子设备制造业	19	0.0406	0.0413	0.5694	8
综合技术服务业	37	0.0319	0.0324	0.6019	9
住宿和餐饮业	31	0.0291	0.0296	0.6314	10
石油加工、炼焦及核燃料加工业	11	0.0274	0.0279	0.6593	11
金属冶炼及压延加工业	14	0.0260	0.0264	0.6857	12
仪器仪表及文化办公用机械制造业	20	0.0254	0.0259	0.7116	13
化学工业	12	0.0249	0.0253	0.7369	14
造纸印刷及文教用品制造业	10	0.0247	0.0251	0.7620	15
其他社会服务业	38	0.0237	0.0241	0.7862	16
42个产业完全消耗系数均值		0.0234			

资料来源：根据北京市2005年42个产业投入产出延长表计算而得。

二、前向关联产业类型及关联度

由于房地产业的基础性特征，许多产业都会将房地产业提供的产品或服务作为其生产要素，但不同产业对其使用量和使用比率有差异，这就需要分析房地产业与其相关产业间的前向相关关系，量化分析房地产业对各个前向关联产业产生的供给推动能力大小和差别。

1. 前向直接关联产业及关联度

根据北京市2005年投入产出延长表进行相关测算，计算结果显示，在42个产业中，除石油天然气开采业和废品废料业与房地产业无直接关联关系外，其余40个产业均与房地产业有不同程度的关联关系，其中关联程度密切的有9个，如表5-3所示。这9个产业在房地产业直接供给总量中的比例高达87.4%，高度依赖房地产业，其中仅批发和零售贸易业、金融保险业、租赁和商务服务业三个产业占比之和就达到54%，是房地产业的主要直接供给对象。这9个产业中，除了房地产业以外，其余8个均是第三产业，体现出房地产业主要服务于第三产业。

北京市2005年42个产业中房地产业的前向直接关联密切产业及其关联度　　表5-3

前向直接关联密切产业名称	代码	直接关联度	比重	比重累加	位次
批发和零售贸易业	30	0.0193	0.2265	0.2265	1
金融保险业	32	0.0152	0.1780	0.4045	2
租赁和商务服务业	34	0.0118	0.1388	0.5433	3
综合技术服务业	37	0.0083	0.0977	0.6410	4
信息传输、计算机服务和软件业	29	0.0068	0.0799	0.7209	5
公共管理和社会组织	42	0.0040	0.0473	0.7682	6
住宿和餐饮业	31	0.0034	0.0403	0.8085	7
旅游业	35	0.0031	0.0369	0.8454	8
房地产业	33	0.0025	0.0288	0.8742	9
42个产业直接分配系数均值		0.0020			

资料来源：根据北京2005年42个产业投入产出延长表计算而得。

2. 前向完全关联产业及关联度

根据北京市2005年投入产出延长表进行相关测算，计算结果显示，在42个产业中，除石油天然气开采业和废品废料业与房地产业无关联关系外，其余40个产业均与房地产业有不同程度的关联关系，其中关联程度密切的有11个，如表5-4所示。这些密切关联产业在房地产业完全供给总量中的累计占比达73%，其中前6个产业的累计占比已达55%，与房地产业的关联关系显著密切。和后向关联类似，除旅游业外，其他前向直接关联产业均是前向完全关联产业，而且大部分前向完全关联产业也属于第三产业范畴。

北京市2005年42个产业中房地产业的前向完全关联密切产业及其关联度　　表5-4

前向完全关联密切产业名称	代码	完全关联度	比重	比重累加	位次
批发和零售贸易业	30	0.0255	0.1208	0.1208	1
租赁和商务服务业	34	0.0209	0.0988	0.2195	2
金融保险业	32	0.0187	0.0883	0.3079	3
信息传输、计算机服务和软件业	29	0.0180	0.0852	0.3930	4
通信设备、计算机及其他电子设备制造业	19	0.0180	0.0850	0.4780	5
综合技术服务业	37	0.0149	0.0706	0.5486	6
建筑业	26	0.0140	0.0659	0.6144	7
交通运输及仓储业	27	0.0068	0.0324	0.6468	8
公共管理和社会组织	42	0.0062	0.0293	0.6761	9
住宿和餐饮业	31	0.0059	0.0278	0.7038	10
房地产业	33	0.0058	0.0273	0.7311	11
42个产业完全分配系数均值		0.0050			

资料来源：根据北京2005年42个产业投入产出延长表计算而得。

三、房地产业对相关产业的总带动效应

基于以上分析，汇总得出2005年北京市房地产业对国民经济各产业部门的总带动效应（即后向完全关联度与前向完全关联度之和），见表5-5。

2005年北京市房地产业对其他产业的带动效应　　表5-5

产　业　部　门	后向完全关联度	前向完全关联度	带动效应
金融保险业	0.1708	0.0187	0.1895
租赁和商务服务业	0.0940	0.0209	0.1149
电力、热力的生产和供应业	0.0651	0.0037	0.0688
信息传输、计算机服务和软件业	0.0529	0.0180	0.0709
交通运输及仓储业	0.0481	0.0068	0.0549
建筑业	0.0473	0.0139	0.0613
交通运输设备制造业	0.0410	0.0049	0.0459
通信设备、计算机及其他电子设备制造业	0.0406	0.0180	0.0586
综合技术服务业	0.0319	0.0149	0.0468
住宿和餐饮业	0.0291	0.0059	0.0349
石油加工、炼焦及核燃料加工业	0.0274	0.0032	0.0306
金属冶炼及压延加工业	0.0260	0.0019	0.0278
仪器仪表及文化办公用机械制造业	0.0254	0.0018	0.0272

续表

产业部门	后向完全关联度	前向完全关联度	带动效应
化学工业	0.0249	0.0037	0.0286
造纸印刷及文教用品制造业	0.0247	0.0011	0.0258
其他社会服务业	0.0237	0.0041	0.0278
食品制造及烟草加工业	0.0201	0.0027	0.0228
文化、体育和娱乐业	0.0201	0.0038	0.0239
电气、机械及器材制造业	0.0184	0.0018	0.0202
通用、专用设备制造业	0.0181	0.0035	0.0216
煤炭开采和洗选业	0.0172	0.0007	0.0179
批发和零售贸易业	0.0148	0.0255	0.0403
金属制品业	0.0123	0.0009	0.0132
非金属矿物制品业	0.0114	0.0015	0.0129
金属矿采选业	0.0105	0.0001	0.0105
石油和天然气开采业	0.0089	0.0000	0.0089
农业	0.0082	0.0012	0.0094
教育事业	0.0079	0.0029	0.0108
木材加工及家具制造业	0.0058	0.0005	0.0063
房地产业	0.0058	0.0058	0.0115
其他制造业	0.0050	0.0006	0.0056
邮政业	0.0043	0.0006	0.0049
科学研究事业	0.0040	0.0027	0.0067
纺织业	0.0040	0.0005	0.0045
旅游业	0.0033	0.0049	0.0082
服装皮革羽绒及其制品业	0.0024	0.0009	0.0033
燃气生产和供应业	0.0018	0.0001	0.0019
废品废料	0.0017	0.0000	0.0017
水的生产和供应业	0.0016	0.0002	0.0018
非金属矿采选业	0.0010	0.0000	0.0010
公共管理和社会组织	0.0008	0.0062	0.0070
卫生、社会保障和社会福利业	0.0008	0.0025	0.0032
合计	0.9830	0.2115	1.1945

数据来源：根据北京市2005年投入产出延长表计算得出。

第三节 北京市房地产业对其相关产业带动效应的动态分析

一、后向完全关联产业类型及关联度的动态分析

以北京市房地产业对其相关产业的完全消耗系数表示后向完全关联度，也即房地产业通过直接或间接消耗作用产生的后向完全拉动效应，通过对2002年、2005年北京投入产出表完全消耗系数的处理和分析，可以得出北京房地产与其相关各产业之间的后向完全关联关系，计算结果见表5-6。

2002年、2005年北京市房地产业后向完全关联产业类型及关联度比较 表5-6

2002年房地产后向相关产业关联度		2005年房地产后向相关产业关联度	
金融保险业	0.3835	金融保险业	0.1708
造纸印刷及文教用品制造业	0.0561	租赁和商务服务业	0.0940
房地产业	0.0869	电力、热力的生产和供应业	0.0651
租赁和商务服务业	0.1760	信息传输、计算机服务和软件业	0.0529
信息传输、计算机服务和软件业	0.0511	交通运输设备制造业	0.0410
电力、热力的生产和供应业	0.0508	建筑业	0.0473
通信设备、计算机及其他电子设备制造业	0.0484	交通运输及仓储业	0.0481
交通运输及仓储业	0.0457	通信设备、计算机及其他电子设备制造业	0.0406
文化、体育和娱乐业	0.0438	综合技术服务业	0.0319
化学工业	0.0414	石油加工、炼焦及核燃料加工业	0.0274
住宿和餐饮业	0.0365	住宿和餐饮业	0.0291
建筑业	0.0221	金属冶炼及压延加工业	0.0260
石油加工、炼焦及核燃料加工业	0.0297	仪器仪表及文化办公用机械制造业	0.0254
仪器仪表及文化办公用机械制造业	0.0287	化学工业	0.0249
综合技术服务业	0.0236	造纸印刷及文教用品制造业	0.0247
煤炭开采和洗选业	0.0230	其他社会服务业	0.0237
通用、专用设备制造业	0.0206	食品制造及烟草加工业	0.0201
金属冶炼及压延加工业	0.0200	文化、体育和娱乐业	0.0201
交通运输设备制造业	0.0194	通用、专用设备制造业	0.0181
食品制造及烟草加工业	0.0169	电气、机械及器材制造业	0.0184
非金属矿物制品业	0.0155	煤炭开采和洗选业	0.0172
金属制品业	0.0155	批发和零售贸易业	0.0148
电气、机械及器材制造业	0.0138	金属制品业	0.0123

续表

2002年房地产后向相关产业关联度		2005年房地产后向相关产业关联度	
农业	0.0125	非金属矿物制品业	0.0114
石油和天然气开采业	0.0122	金属矿采选业	0.0105
木材加工及家具制造业	0.0113	石油和天然气开采业	0.0089
其他社会服务业	0.0091	农业	0.0082
科学研究事业	0.0081	教育事业	0.0079
金属矿采选业	0.0066	木材加工及家具制造业	0.0058
纺织业	0.0064	房地产业	0.0058
批发和零售贸易业	0.0061	其他制造业	0.0050
教育事业	0.0057	邮政业	0.0043
服装皮革羽绒及其制品业	0.0042	科学研究事业	0.0040
燃气生产和供应业	0.0040	纺织业	0.0040
邮政业	0.0036	旅游业	0.0033
其他制造业	0.0034	服装皮革羽绒及其制品业	0.0024
水的生产和供应业	0.0033	燃气生产和供应业	0.0018
卫生、社会保障和社会福利事业	0.0033	废品废料	0.0017
非金属矿采选业	0.0022	水的生产和供应业	0.0016
废品废料	0.0018	非金属矿采选业	0.0010
公共管理和社会组织	0.0006	公共管理和社会组织	0.0008
旅游业	0.0004	卫生、社会保障和社会福利业	0.0007
42个产业完全消耗系数平均数	0.0329	42个产业完全消耗系数平均数	0.0224

资料来源：依据2002年、2005年北京投入产出表计算而得。

表5-6显示，2002年投入产出表42个产业均与北京房地产业有完全关联关系，下列11个产业与北京房地产后向关联程度密切，它们是：造纸印刷及文教用品制造业；租赁和商务服务业；信息传输、计算机服务和软件业；金融保险业；房地产业；电力、热力的生产和供应业；交通运输及仓储业；通信设备、计算机及其他电子设备制造业；化学工业；文化、体育和娱乐业；住宿和餐饮业。

2005年与房地产业密切相关的产业有16个：金融保险业；租赁和商务服务业；电力、热力的生产和供应业；信息传输、计算机服务和软件业；交通运输及仓储业；建筑业；交通运输设备制造业；通信设备、计算机及其他电子设备制造业；综合技术服务业；住宿和餐饮业；石油加工、炼焦及核燃料加工业；金属冶炼及压延加工业；仪器仪表及文化办公用机械制造业；化学工业；造纸印刷及文教用品制造业；其他社会服务业。

就后向完全密切关联产业而言，2005年与2002年相比有以下两点变化：

（1）与北京市房地产业密切关联的后向相关产业增多，由2002年11个上升到2005年16个。

（2）北京房市地产业每生产1万元最终产品对各关联产业完全消耗量差距在缩小。说明经过5年发展，越来越多产业同房地产业有着完全关联关系，房地产的产业链条因而拉长，对国民经济波及面在扩大，各个关联产业的完全关联度差距在缩小，房地产对更多产业的依赖性更为明显。42个产业中与房地产业关联关系最为密切的是租赁和商务服务业、金融保险业，房地产业对这两个产业的消耗很大，大约占其消耗总量的47.8%，说明金融、商服、租赁等第三产业发展对北京房地产发展影响巨大。

二、前向完全关联产业及其关联度的动态分析

以北京市房地产业对其相关产业的完全分配系数表示前向完全关联度，也即房地产业通过直接和间接供给作用产生的前向完全推动效应，通过对2002年、2005年北京投入产出表完全分配系数的处理和分析，可以得出北京房地产业与其各前向相关产业间的前向完全关联效应，计算结果见表5-7。

2002年、2005年北京市房地产前向相关产业关联度 表5-7

2002年前向相关产业关联度		2005年前向相关产业关联度	
金融保险业	0.2522	批发和零售贸易业	0.0255
房地产业	0.0869	信息传输、计算机服务和软件业	0.0180
通信设备、计算机及其他电子设备制造业	0.0825	金融保险业	0.0187
批发和零售贸易业	0.0746	租赁和商务服务业	0.0209
综合技术服务业	0.0659	综合技术服务业	0.0149
租赁和商务服务业	0.0645	通信设备、计算机及其他电子设备制造业	0.0180
建筑业	0.0584	建筑业	0.0139
信息传输、计算机服务和软件业	0.0539	住宿和餐饮业	0.0059
交通运输及仓储业	0.0341	房地产业	0.0058
公共管理和社会组织	0.0335	交通运输及仓储业	0.0068
住宿和餐饮业	0.0309	公共管理和社会组织	0.0062
化学工业	0.0270	交通运输设备制造业	0.0049
通用、专用设备制造业	0.0188	旅游业	0.0049
教育事业	0.0188	其他社会服务业	0.0041
文化、体育和娱乐业	0.0174	文化、体育和娱乐业	0.0038
交通运输设备制造业	0.0159	化学工业	0.0037
科学研究事业	0.0152	电力、热力的生产和供应业	0.0037

续表

2002年前向相关产业关联度		2005年前向相关产业关联度	
食品制造及烟草加工业	0.0134	通用、专用设备制造业	0.0035
石油加工、炼焦及核燃料加工业	0.0106	石油加工、炼焦及核燃料加工业	0.0032
金属冶炼及压延加工业	0.0108	教育事业	0.0029
电气、机械及器材制造业	0.0102	食品制造及烟草加工业	0.0027
仪器仪表及文化办公用机械制造业	0.0093	科学研究事业	0.0027
非金属矿物制品业	0.0080	卫生、社会保障和社会福利业	0.0025
农业	0.0071	金属冶炼及压延加工业	0.0019
卫生、社会保障和社会福利事业	0.0064	仪器仪表及文化办公用机械制造业	0.0018
造纸印刷及文教用品制造业	0.0058	电气、机械及器材制造业	0.0018
金属制品业	0.0056	非金属矿物制品业	0.0015
电力、热力的生产和供应业	0.0037	农业	0.0012
其他社会服务业	0.0052	造纸印刷及文教用品制造业	0.0011
服装皮革羽绒及其制品业	0.0037	金属制品业	0.0009
木材加工及家具制造业	0.0032	服装皮革羽绒及其制品业	0.0009
纺织业	0.0031	煤炭开采和洗选业	0.0007
旅游业	0.0026	其他制造业	0.00062
邮政业	0.0023	邮政业	0.00059
煤炭开采和洗选业	0.0018	纺织业	0.00050
水的生产和供应业	0.0009	木材加工及家具制造业	0.00049
其他制造业	0.0008	水的生产和供应业	0.00019
燃气生产和供应业	0.0004	燃气生产和供应业	0.00006
金属矿采选业	0.00012	金属矿采选业	0.00006
非金属矿采选业	0.00008	非金属矿采选业	0.00003
42个产业完全分配系数平均数	0.0254	42个产业完全分配系数平均数	0.0048

资料来源：依据北京市2002年投入产出表、2005年北京投入延长表计算而得。

表5-7显示，2002年投入产出表42个产业中，与房地产业有完全前向关联的产业共有40个；有两个产业与房地产业的直接关联度为0，它们是石油和天然气开采业、废品废料业；密切关联产业有12个，它们是通信设备、计算机及其他电子设备制造业；金融保险业；批发和零售贸易业；交通运输及仓储业；综合技术服务业；房地产业；建筑业；租赁和商务服务业；信息传输、计算机服务和软件业；公共管理和社会组织；化学工业；住宿和餐饮业。

2005年与2002年北京房地产业前向密切关联的产业个数变动不大，2005年，与房地产业有完全关联的产业共有40个，而石油和天然气开采、废品废料业这两个产业与房地产业的直接关联度均为0。42个产业中与房地产密切关联产业有11个，它们是批发和零售贸易业；信息传输、计算机服务和软件业；租赁和商务服务业；通信设备、计算机及其他电子设备制造业；综合技术服务业；金融保险业；建筑业；交通运输及仓储业；住宿和餐饮业；公共管理和社会组织；房地产业。这些产业中，批发和零售贸易业、金融保险业、租赁和商务服务业、信息传输、计算机服务和软件业是房地产间的关联关系密切产业，房地产业对上述5个产业的前向推动作用较强。和后向关联类似，除旅游业外，其他前向直接关联产业均是前向完全关联产业，而且大部分前向完全关联产业也属于第三产业范畴。

三、北京市房地产业对相关产业总带动效应的动态分析

若综合考察房地产业通过直接、间接方式对其相关产业产生的需求拉动作用和供给推动作用，可考虑用总带动效应这一指标进行考量。总带动效应为房地产业对其他产业的后向完全关联度与前向完全关联度之和。2002年和2005年北京市房地产业对国民经济其他各产业的总带动效应详见表5-8：

2002年、2005年房地产业对其他各产业的总带动效应　　表5-8

2002年房地产业对其他各产业的总带动效应		2005年房地产业对其他各产业的总带动效应	
金融保险业	0.6357	金融保险业	0.1895
租赁和商务服务业	0.2404	租赁和商务服务业	0.1149
房地产业	0.1738	电力、热力的生产和供应业	0.0688
通信设备、计算机及其他电子设备制造业	0.1309	信息传输、计算机服务和软件业	0.0709
信息传输、计算机服务和软件业	0.1050	交通运输及仓储业	0.0549
综合技术服务业	0.0895	建筑业	0.0613
建筑业	0.0887	交通运输设备制造业	0.0459
批发和零售贸易业	0.0807	通信设备、计算机及其他电子设备制造业	0.0586
交通运输及仓储业	0.0798	综合技术服务业	0.0468
化学工业	0.0684	住宿和餐饮业	0.0349
住宿和餐饮业	0.0674	石油加工、炼焦及核燃料加工业	0.0306
造纸印刷及文教用品制造业	0.0619	金属冶炼及压延加工业	0.0278
文化、体育和娱乐业	0.0612	仪器仪表及文化办公用机械制造业	0.0272
电力、热力的生产和供应业	0.0545	化学工业	0.0286
石油加工、炼焦及核燃料加工业	0.0403	造纸印刷及文教用品制造业	0.0258
通用、专用设备制造业	0.0394	其他社会服务业	0.0278
仪器仪表及文化办公用机械制造业	0.0380	食品制造及烟草加工业	0.0228

续表

2002年房地产业对其他各产业的总带动效应		2005年房地产业对其他各产业的总带动效应	
交通运输设备制造业	0.0353	文化、体育和娱乐业	0.0239
公共管理和社会组织	0.0341	电气、机械及器材制造业	0.0202
金属冶炼及压延加工业	0.0307	通用、专用设备制造业	0.0216
食品制造及烟草加工业	0.0302	煤炭开采和洗选业	0.0179
煤炭开采和洗选业	0.0247	批发和零售贸易业	0.0403
教育事业	0.0244	金属制品业	0.0132
电气、机械及器材制造业	0.0240	非金属矿物制品业	0.0129
非金属矿物制品业	0.0235	金属矿采选业	0.0105
科学研究事业	0.0233	石油和天然气开采业	0.0089
金属制品业	0.0211	农业	0.0094
农业	0.0196	教育事业	0.0108
木材加工及家具制造业	0.0145	木材加工及家具制造业	0.0063
其他社会服务业	0.0142	房地产业	0.0115
石油和天然气开采业	0.0122	其他制造业	0.0056
卫生、社会保障和社会福利事业	0.0097	邮政业	0.0049
纺织业	0.0096	科学研究事业	0.0067
服装皮革羽绒及其制品业	0.0078	纺织业	0.0045
金属矿采选业	0.0068	旅游业	0.0082
邮政业	0.0060	服装皮革羽绒及其制品业	0.0033
燃气生产和供应业	0.0044	燃气生产和供应业	0.0019
水的生产和供应业	0.0043	废品废料	0.0017
其他制造业	0.0042	水的生产和供应业	0.0018
旅游业	0.0030	非金属矿采选业	0.0010
非金属矿采选业	0.0023	公共管理和社会组织	0.0070
废品废料	0.0018	卫生、社会保障和社会福利业	0.0032
合计	2.4476	合计	1.1945

资料来源：依据北京市2002年投入产出表、2005年北京投入延长表计算而得。

表5-8显示，房地产业对金融保险业及租赁和商务服务业的带动效应最大。2002年，我国房地产业每增加一个单位的产值，可带动所有产业增加产值2.4476单位，其中带动金融保险业增加产值0.6357单位，带动租赁和商务服务业增加产值0.2404单位。2005年，我国房地产业每增加一个单位的产值，可带动所有产业增加产值1.1945单位，其中带动金融保险业增加产值0.1895单位，带动租赁和商务服务业增加产值0.1149单位。

第四节 北京市房地产业对相关产业带动效应的地区比较

本部分将按经济发展水平差异将北京与其他地区做比较分析，旨在探索房地产业与其相关产业的关联关系的一般影响因素和特殊影响因素，研究中将北京、浙江作为发达地区的代表，将江苏作为较发达地区代表，将甘肃作为欠发达地区代表，本部分的数据来源于北京、浙江、江苏、甘肃等各地区的2002年42×42产业投入产出表❶。

一、地区划分和样本选择

根据2009年人均GDP差异，本书将将我国各省市大体分为三类经济区，即人均GDP高于6500美元的划为发达地区，人均GDP在3000~6500美元之间的划为较发达地区，人均GDP低于3000美元的划为欠发达地区，以此作为分析各地区房地产业与金融保险业关联度的经济区划基础，见表5-9。书中将北京、浙江作为发达地区的代表，将江苏作为较发达地区的代表，将甘肃作为欠发达地区的代表。

北京市和其他省市2009年人均GDP（美元/人） **表5-9**

地区分类	省　市	人均GDP	地区分类	省　市	人均GDP
发达地区	上海	11320.41	欠发达地区	重庆	2964.62
	北京	10298.30		宁夏	2880.02
	天津	9295.48		湖南	2837.92
	浙江	6582.88sf		新疆	2803.36
较发达地区	江苏	6437.91		海南	2750.68
	广东	5861.92		青海	2689.99
	内蒙古	5467.30		四川	2535.05
	山东	5262.96		安徽	2442.55
	辽宁	5013.66		广西	2430.51
	福建	4854.18		江西	2334.40
	吉林	3798.49		西藏	2242.47
	河北	3604.55		云南	2006.87
	湖北	3233.07		甘肃	1888.85
	黑龙江	3166.16		贵州	1350.98
	河南	3089.95			
	山西	3046.80			
	陕西	3005.40			

资料来源：中华网社区 club. china. com，柳树青青，2009年中国各省人均GDP，2009-12-27。

❶ 由于我国投入产出表每5年编制一次，5年之间根据需要编制投入产出延长表，本部分只能选用2002年投入产出表，因为2005年投入产出延长表部分地区未编制，而2007年投入产出表尚未公布。

二、北京市和其他地区房地产业与其相关产业的后向关联度

1. 后向直接关联度的地区比较

依据北京市和其他地区2002年投入产出表42个产业的中间消耗和总产出价值流量计算直接消耗系数，并对房地产业的直接消耗系数列进行降序排列和比较，选择北京市和其他地区与房地产业关联密切的产业类型，得出北京市和其他地区房地产业的后向直接关联情况是：

北京：42个产业中共有39个产业与房地产业有直接关联关系，只有3个产业——石油和天然气开采业、金属矿采选业、废品废料业与房地产业的直接关联度为0。在39个直接关联产业中，与房地产业后向直接关联密切的产业有7个，依次是：金融保险业、租赁和商务服务业、房地产业、建筑业、电力、热力的生产和供应业、住宿和餐饮业、造纸印刷及文教用品制造业（表5-10）。

北京市2002年房地产业的主要直接后向关联产业类型　　表5-10

产业部门	代码	关联度	比例	位次
金融保险业	32	0.2767	46.2%	1
租赁和商务服务业	34	0.1135	18.9%	2
房地产业	33	0.0296	4.9%	3
建筑业	26	0.0221	3.7%	4
电力、热力的生产和供应业	23	0.0215	3.6%	5
住宿和餐饮业	31	0.0176	2.9%	6
造纸印刷及文教用品制造业	10	0.0150	2.5%	7
平均值		0.0709		

浙江：42个产业中共有34个产业与房地产业有直接关联关系，其他8个产业——煤炭采选业、石油和天然气开采业、废品废料、科学研究事业、教育事业、卫生、社会保障和社会福利事业、文化、体育和娱乐业、公共管理和社会组织等与房地产业的直接关联度为0。在33个直接关联产业中，与房地产业后向直接关联密切的产业有7个，依次是：建筑业、金融保险业、通信设备、计算机及其他电子设备制造业、综合技术服务业、金属制品业、租赁业和商务服务业（表5-11）。

浙江省2002年房地产业的主要直接后向关联产业类型　　表5-11

产业部门	代码	关联度	比例	位次
建筑业	26	0.1291	45.0%	1
金融保险业	32	0.0798	27.8%	2
通信设备、计算机及其他电子设备制造业	19	0.0099	3.5%	3

续表

产业部门	代码	关联度	比例	位次
综合技术服务业	37	0.0090	3.1%	4
金属制品业	15	0.0088	3.1%	5
租赁业和商务服务业	34	0.0079	2.8%	6
平均值		0.0067		

江苏：42个产业中共有39个产业与房地产业有直接关联关系，其他3个产业——煤炭开采与洗选业、石油和天然气开采业、科学研究事业与房地产业的直接关联度为0。在39个直接关联产业中，与房地产业后向直接关联密切的产业有12个，即房地产业、综合技术服务业、非金属矿物制品业、金属冶炼及压延加工业、金融保险业、批发和零售贸易业、电气、机械及器材制造业、建筑业、住宿和餐饮业、信息传输、计算机服务和软件业、农业、其他社会服务业（表5-12）。

江苏省2002年房地产业的主要直接后向关联产业类型 表5-12

产业部门	代码	关联度	比例	位次
房地产业	33	0.0384	15.9%	1
综合技术服务业	37	0.0319	13.2%	2
非金属矿物制品业	13	0.0225	9.3%	3
金属冶炼及压延加工业	14	0.0200	8.3%	4
金融保险业	32	0.0186	7.7%	5
批发和零售贸易业	30	0.0157	6.5%	6
电气、机械及器材制造业	18	0.0140	5.8%	7
建筑业	26	0.0127	5.3%	8
住宿和餐饮业	31	0.0111	4.6%	9
信息传输、计算机服务和软件业	29	0.0082	3.4%	10
农业	01	0.0071	2.9%	11
其他社会服务业	38	0.0066	2.7%	12
平均值		0.0057		

甘肃：42个产业中共有37个产业与房地产业有直接关联关系，其他5个产业——仪器仪表及文化办公用机械制造业、金属矿采选业、金属冶炼及压延加工业、废品及废料、煤气生产和供应业与房地产业的直接关联度为0。在34个直接关联产业中，与房地产业后向直接关联密切的产业有7个，建筑业、金融保险业、石油加工、炼焦及核燃料加工业、交通运输及仓储业、租赁商务服务业、住宿和餐饮业、批发和零售贸易业（表5-13）。

甘肃省2002年房地产业的主要直接后向关联产业类型　　表5-13

产业部门	代码	关联度	比例	位次
建筑业	26	0.2403	38.7%	1
金融保险业	32	0.1145	18.5%	2
石油加工、炼焦及核燃料加工业	11	0.0957	15.4%	3
交通运输及仓储业	27	0.0427	6.9%	4
租赁商务服务业	34	0.0296	4.8%	5
住宿和餐饮业	31	0.0221	3.6%	6
批发和零售贸易业	30	0.0163	2.6%	7
平均值		0.0148		

北京市和其他地区房地产业的后向直接关联比较分析表明：

（1）在42个产业中，尽管北京市和其他地区与房地产业后向直接关联的产业类型和数目有所差别，但大部分产业都与房地产业有直接关联关系，只有少数产业与房地产业没有直接关联关系，说明房地产业对相关产业的波及面较广。

（2）与房地产业后向直接关联度大、关联关系密切的产业数目相对较少，说明房地产业的发展虽然影响范围广、产业链长，但只对少数几个产业的影响力较大。

（3）与房地产业直接关联密切的产业有些表现出地区差异，有些则没有地区差异，如金融保险业、建筑业等；并且对于那些即使有地区差异的相关产业，似乎也没有呈现出明显的随经济水平的变化而变化的规律。

利用地区比较结果推断：影响房地产业与其相关产业之间关联关系的因素是错综复杂的，并不单纯是经济水平的差异。具体而言，这些原因可以总结为：（1）产业间内在的、客观的必然联系是影响产业之间的关联关系及关联程度的重要的决定性因素，这种影响因素较地区经济发展水平及其他因素的影响显著得多，因此，有些产业对大多数省市乃至全国总体水平而言都与房地产业密切关联，如金融保险业、建筑业等。（2）不同经济发展水平下形成的特有产业差异的影响。每一个地区都会有一些重要的主导性或基础性产业，这些产业对当地的经济影响力较大、影响范围也会广博，因此会作为房地产业的密切关联产业出现。

通过上述分析我们已经得知，经济水平和地域的差异只是影响房地产业与其后向关联产业之间关联度的其中一个重要因素，而非全部因素。而在宏观政策制定中应重点关注产业之间具有内在联系的那些产业，以保证这些产业与房地产业之间产业链的顺畅。

2. 后向完全关联度的地区比较

北京市和其他地区房地产业与其他产业的后向完全关联产业类型、关联度见

表5-14～表5-17。

北京市2002年房地产业的主要完全后向关联产业类型　　表5-14

产业部门	代码	关联度	比重	位次
金融保险业	32	0.3835	27.7%	1
租赁和商务服务业	34	0.1760	12.7%	2
房地产业	33	0.0869	6.3%	3
造纸印刷及文教用品制造业	10	0.0561	4.1%	4
信息传输、计算机服务和软件业	29	0.0511	3.7%	5
电力、热力的生产和供应业	23	0.0508	3.7%	6
通信设备、计算机及其他电子设备制造业	19	0.0484	3.5%	7
交通运输及仓储业	27	0.0457	3.3%	8
文化、体育和娱乐业	41	0.0438	3.2%	9
化学工业	12	0.0414	3.0%	10
住宿和餐饮业	31	0.0365	2.6%	11
平均值		0.0329		

浙江省2002年房地产业的主要完全后向关联产业类型　　表5-15

产业部门	代码	关联度	比例	位次
建筑业	26	0.1314	15.9%	1
金融保险业	32	0.0915	11.1%	2
金属冶炼及压延加工业	14	0.0806	9.7%	3
化学工业	12	0.0640	7.7%	4
金属制品业	15	0.0363	4.4%	5
非金属矿物制品业	13	0.0362	4.4%	6
租赁业和商务服务业	34	0.0320	3.9%	7
批发和零售贸易业	30	0.0309	3.7%	8
通信设备、计算机及其他电子设备制造业	19	0.0291	3.5%	9
交通运输及仓储业	27	0.0229	2.8%	10
电力、热力的生产和供应业	23	0.0213	2.6%	11
造纸印刷及文教用品制造业	10	0.0196	2.4%	12
电气、机械及器材制造业	18	0.0195	2.4%	13
平均值		0.0192		

江苏省2002年房地产业的主要完全后向关联产业类型　　表5-16

产业部门	代码	关联度	比例	位次
金属冶炼及压延加工业	14	0.0654	10.2%	1
化工工业	12	0.0608	9.5%	2
批发和零售贸易业	30	0.0448	7.0%	3
房地产业	33	0.0412	6.4%	4
综合技术服务业	37	0.0363	5.7%	5
金融保险业	32	0.0358	5.6%	6
农业	01	0.0347	5.4%	7
非金属矿物制品业	13	0.0342	5.3%	8
通信设备、计算机及其他电子设备制造业	19	0.0267	4.2%	9
电气、机械及器材制造业	18	0.0260	4.1%	10
电力、热力的生产和供应业	23	0.0220	3.4%	11
住宿和餐饮业	31	0.0199	3.1%	12
通用、专用设备制造业	16	0.0181	2.8%	13
造纸印刷及文教用品制造业	10	0.0158	2.5%	14
平均值		0.0152		

甘肃省2002年房地产业的主要完全后向关联产业类型　　表5-17

产业部门	代码	关联度	比例	位次
建筑业	26	0.2519	16.1%	1
石油加工、炼焦及核燃料加工业	11	0.1633	10.4%	2
金融保险业	32	0.1502	9.6%	3
交通运输及仓储业	27	0.1133	7.2%	4
电力、热力的生产和供应业	23	0.1023	6.5%	5
石油和天然气开采业	03	0.1003	6.4%	6
金属冶炼及压延加工业	14	0.0864	5.5%	7
批发和零售贸易业	30	0.0626	4.0%	8
非金属矿物制品业	13	0.0500	3.2%	9
化工工业	12	0.0488	3.1%	10
租赁商务服务业	34	0.0479	3.1%	11
住宿和餐饮业	31	0.0404	2.6%	12
平均值		0.0372		

进一步比较各地区后向关联产业类型，见表5-18。后向完全关联产业类型及关联度与直接关联产业相比，其产业类型增多，波及范围增大，但所表现出的规律相对一致，即众多产业间有一部分产业属于房地产业的内在联系型产业，而有一部分产业是受经济水平影响所致。

不同地区2002年房地产业的主要后向关联产业类型 **表5-18**

地区	后向直接关联		后向完全关联	
	产业数	产业类型	产业数	产业类型
北京	7个	金融保险业、租赁和商务服务业、房地产业、建筑业、电力、热力的生产和供应业、住宿和餐饮业、造纸印刷及文教用品制造业	11个	金融保险业、租赁和商务服务业、房地产业、造纸印刷及文教用品制造业、信息传输、计算机服务和软件业、电力、热力的生产和供应业、通信设备、计算机及其他电子设备制造业、交通运输及仓储业、文化、体育和娱乐业、化学工业、住宿和餐饮业
浙江	7个	建筑业、金融保险业、通信设备、计算机及其他电子设备制造业、综合技术服务业、金属制品业、租赁业和商务服务业	13个	建筑业、金融保险业、金属冶炼及压延加工业、化学工业、金属制品业、非金属矿物制品业、租赁业和商务服务业、批发和零售贸易业、通信设备、计算机及其他电子设备制造业、交通运输及仓储业、电力、热力的生产和供应业、造纸印刷及文教用品制造业、电气、机械及器材制造业
江苏	12个	房地产业、综合技术服务业、非金属矿物制品业、金属冶炼及压延加工业、金融保险业、批发和零售贸易业、电气、机械及器材制造业、建筑业、住宿和餐饮业、信息传输、计算机服务和软件业、农业、其他社会服务业	14个	金属冶炼及压延加工业、化工工业、批发和零售贸易业、房地产业、综合技术服务业、金融保险业、农业、非金属矿物制品业、通信设备、计算机及其他电子设备制造业、电气、机械及器材制造业、电力、热力的生产和供应业、住宿和餐饮业、通用、专用设备制造业、造纸印刷及文教用品制造业
甘肃	7个	建筑业、金融保险业、石油加工、炼焦及核燃料加工业、交通运输及仓储业、租赁商务服务业、住宿和餐饮业、批发和零售贸易业	12个	建筑业、石油加工、炼焦及核燃料加工业、金融保险业、交通运输及仓储业、电力、热力的生产和供应业、石油和天然气开采业、金属冶炼及压延加工业、批发和零售贸易业、非金属矿物制品业、化工工业、租赁商务服务业、住宿和餐饮业

根据上述结论，可以进一步将房地产业的后向完全关联产业划分为两种类型：

第一类，由产业间内在的必然联系决定的与房地产业密切关联的产业，可称之为房地产业的“内在联系型”关联产业。这类产业通常不论是在哪些地区，不论经济发展水平高低，均与房地产业密切相关，如金融业、建筑业、租赁商务服务业、通信设备、计算机及其他电子设备制造业等，特别需要指出的是，北京市房地产业与金融业之间的关联度居全国之首。

第二类，与经济发展水平变化相一致的房地产业相关产业，可称之为房地产业的“经济差异型”关联产业。这类产业从分布上表现出与经济水平一致的趋势，即有些仅分布于发达地区，如计算机服务和软件业，有些则仅分布于欠发达地区，如石油加工业等。

三、北京市和其他地区房地产业与其相关产业的前向关联度

依据北京市和其他地区2002年投入产出表42个产业的中间消耗和总产出价值流量计算直接消耗系数、直接分配系数、完全分配系数，并对房地产业的直接分配系数、完全分配系数行进行降序排列和分析，选择各省市与房地产业前向直接关联、完全关联密切的产业类型。

1. 前向直接关联度地区比较

北京、浙江、江苏、甘肃不同地区房地产业主要的前向直接关联产业类型及关联度见表5-19～表5-22。

北京市2002年房地产业的主要直接前向关联产业类型　　表5-19

部　门	代　码	关联度	比　重	位　次
金融保险业	32	0.1855	39.4%	1
批发和零售贸易业	30	0.0537	11.4%	2
综合技术服务业	37	0.0403	8.6%	3
租赁和商务服务业	34	0.0355	7.5%	4
房地产业	33	0.0296	6.3%	5
信息传输、计算机服务和软件业	29	0.0237	5.0%	6
公共管理和社会组织	42	0.0229	4.9%	7
住宿和餐饮业	31	0.0195	4.1%	8
平均值		0.0112		

浙江省2002年房地产业的主要直接前向关联产业类型　　表5-20

产　业　部　门	代　码	关联度	比　例	位　次
批发和零售贸易业	30	0.1070	54.7%	1
金融保险业	32	0.0268	13.7%	2
租赁业和商务服务业	34	0.0171	8.7%	3
信息传输、计算机服务和软件业	29	0.0092	4.7%	4
住宿和餐饮业	31	0.0081	4.1%	5
平均值		0.0045		

江苏省2002年房地产业的主要直接前向关联产业类型　表5-21

产　业　部　门	代　码	关联度	比　例	位　次
批发和零售贸易业	30	0.0436	42.0%	1
房地产业	33	0.0384	37.0%	2
金融保险业	32	0.0100	9.6%	3
平均值		0.0025		

甘肃省2002年房地产业的主要直接前向关联产业类型　表5-22

产　业　部　门	代　码	关联度	比　例	位　次
批发和零售贸易业	30	0.1507	68.5%	1
金融保险业	32	0.0203	9.2%	2
其他社会服务业	38	0.0135	6.2%	3
教育事业	39	0.0126	5.7%	4
信息传输、计算机服务和软件业	29	0.0080	3.7%	5
平均值		0.0052		

2. 前向完全关联度地区比较

北京、浙江、江苏、甘肃不同地区房地产业主要的前向完全关联产业类型及关联度见表5～23～表5-26。

北京市2002年房地产业的主要完全前向关联产业类型　表5-23

部　　门	代　码	关联度	比　重	位　次
金融保险业	32	0.2522	23.7%	1
房地产业	33	0.0869	8.2%	2
通信设备、计算机及其他电子设备制造业	19	0.0825	7.7%	3
批发和零售贸易业	30	0.0746	7.0%	4
综合技术服务业	37	0.0659	6.2%	5
租赁和商务服务业	34	0.0645	6.0%	6
建筑业	26	0.0584	5.5%	7
信息传输、计算机服务和软件业	29	0.0539	5.1%	8
交通运输及仓储业	27	0.0341	3.2%	9
公共管理和社会组织	42	0.0335	3.1%	10
住宿和餐饮业	31	0.0309	2.9%	11
化学工业	12	0.0270	2.5%	12
平均值		0.0254		

浙江省 2002 年房地产业的主要完全前向关联产业类型　　表 5-24

产业部门	代码	关联度	比例	位次
批发和零售贸易业	30	0.1201	19.3%	1
纺织业	07	0.0444	7.1%	2
化学工业	12	0.0437	7.0%	3
服装皮革羽绒及其制品业	08	0.0349	5.6%	4
建筑业	26	0.0346	5.6%	5
通用、专用设备制造业	16	0.0325	5.2%	6
租赁业和商务服务业	34	0.0309	5.0%	7
金融保险业	32	0.0309	5.0%	8
电气、机械及器材制造业	18	0.0301	4.8%	9
交通运输设备制造业	17	0.0195	3.1%	10
造纸印刷及文教用品制造业	10	0.0160	2.6%	11
食品制造及烟草加工业	06	0.0158	2.6%	12
通信设备、计算机及其他电子设备制造业	19	0.0149	2.4%	13
平均值		0.0144		

江苏省 2002 年房地产业的主要完全前向关联产业类型　　表 5-25

产业部门	代码	关联度	比例	位次
批发和零售贸易业	30	0.0546	18.2%	1
房地产业	33	0.0412	13.7%	2
化工工业	12	0.0253	8.4%	3
建筑业	26	0.0178	5.9%	4
通信设备、计算机及其他电子设备制造业	19	0.0152	5.1%	5
金融保险业	32	0.0124	4.1%	6
金属冶炼及压延加工业	14	0.0120	4.0%	7
纺织业	07	0.0118	3.9%	8
通用、专用设备制造业	16	0.0117	3.9%	9
服装皮革羽绒及其制品业	08	0.0107	3.6%	10
农业	01	0.0080	2.7%	11
非金属矿物制品业	13	0.0074	2.5%	12
电力、热力的生产和供应业	23	0.0072	2.4%	13
金属制品业	15	0.0072	2.4%	14
平均值		0.0071		

甘肃省2002年房地产业的主要完全前向关联产业类型　　表5-26

产业部门	代码	关联度	比例	位次
批发和零售贸易业	30	0.1697	34.8%	1
建筑业	26	0.0407	8.4%	2
金融保险业	32	0.0309	6.3%	3
农业	01	0.0210	4.3%	4
化工工业	12	0.0195	4.0%	5
教育事业	39	0.0186	3.8%	6
其他社会服务业	38	0.0175	3.6%	7
金属冶炼及压延加工业	14	0.0175	3.6%	8
信息传输、计算机服务和软件业	29	0.0154	3.2%	9
交通运输及仓储业	27	0.0123	2.5%	10
平均值		0.0116		

进一步比较各地区后向关联产业类型（表5-27），分析这种分布结果，可以得出以下结论：

（1）金融保险业、批发和零售贸易业、社会服务业等服务型产业是房地产业的前向密切关联产业，产业类型上并未表现出地区差异，因此，这些产业与房地产业之间的前向关联关系是一定时期内一定技术水平下产业之间内在必然联系决定的，经济发展水平及其他因素的影响对于这些产业而言成了次要的因素。

（2）除上述产业外，其他产业有些具有地区特殊性，经济水平、地域条件、统计因素等是形成这种地区差异性的原因。

不同地区2002年房地产业的主要前向关联产业类型　　表5-27

地区	前向直接关联		前向完全关联	
	产业数	产业类型	产业数	产业类型
北京	8个	金融保险业、批发和零售贸易业、综合技术服务业、租赁和商务服务业、房地产业、信息传输、计算机服务和软件业、公共管理和社会组织、住宿和餐饮业	12个	金融保险业、房地产业、通信设备、计算机及其他电子设备制造业、批发和零售贸易业、综合技术服务业、租赁和商务服务业、建筑业、信息传输、计算机服务和软件业、交通运输及仓储业、公共管理和社会组织、住宿和餐饮业、化学工业

续表

地区	前向直接关联		前向完全关联	
	产业数	产业类型	产业数	产业类型
浙江	5个	批发和零售贸易业、金融保险业、租赁业和商务服务业、信息传输、计算机服务和软件业、住宿和餐饮业	13个	批发和零售贸易业、纺织业、化学工业、服装皮革羽绒及其制品业、建筑业、通用、专用设备制造业、租赁业和商务服务业、金融保险业、电气、机械及器材制造业、交通运输设备制造业、造纸印刷及文教用品制造业、食品制造及烟草加工业、通信设备、计算机及其他电子设备制造业
江苏	3个	批发和零售贸易业、房地产业、金融保险业	14个	批发和零售贸易业、房地产业、化工工业、建筑业、通信设备、计算机及其他电子设备制造业、金融保险业、金属冶炼及压延加工业、纺织业、通用、专用设备制造业、服装皮革羽绒及其制品业、农业、非金属矿物制品业、电力、热力的生产和供应业、金属制品业
甘肃	5个	批发和零售贸易业、金融保险业、其他社会服务业、教育事业、信息传输、计算机服务和软件业	10个	批发和零售贸易业、建筑业、金融保险业、农业、化工工业、教育事业、其他社会服务业、金属冶炼及压延加工业、信息传输、计算机服务和软件业、交通运输及仓储业

综上所述，通过北京市和其他地区比较分析，除了得出与第一节、第二节中对北京的专门研究相一致的结论（如房地产业产业链长、产业关联方式复杂、房地产业对不同产业的作用方向不同等）外，还具有如下几个特点和规律：

（1）影响房地产业与其相关产业之间关联关系及其关联度大小的因素多种多样且错综复杂，有些是由产业间内在的、客观的必然联系决定的，如金融保险业，尤其对北京而言如此。有些是由经济水平的差异影响的，有些则是其他因素如统计因素、地域特有的资源或生产方式以及其他非经济因素干扰造成的。因此，与房地产业密切关联的产业，有些有地区差异，有些没有地区差异。

（2）产业间内在的、客观的必然联系是形成房地产业与其主要关联产业之间的关联关系的首要原因，这使得一些产业在一定时期内不论在全国还是不同地区都是房地产业密切的关联产业，没有表现出地区差异，区别只是在不同地区产业关联度大小及位次有所变化。这些产业是促进房地产业与其他产业之间协调发展时在总体的、宏观层面上必须重点考虑的产业。

（3）经济水平的差异只是影响房地产业与相关产业之间关联关系和关联度

的其中一个重要因素，而非全部因素。有些产业随经济水平的变化呈现出明显的地区差异，如对于经济发达的北京来说，房地产业与现代先进的电子及通信设备制造业关联密切，对于经济比较落后的甘肃而言，传统的加工工业则是活跃当地经济的重要产业，因而也是房地产业的密切关联产业。

（4）另外一些情况则并非如此，有些房地产业的相关产业即使有地区差异，但并没有呈现出明显的随经济水平的变化而变化的规律，这可能是地域特有的或者其他非经济因素的干扰。据此，房地产业的相关产业可以根据产业之间关联关系的产生原因相应的分别称之为房地产业“内在联系型”、“经济差异型”、“地域差异型”关联产业，并针对不同类型的产业采用不同的发展政策。

第五节　北京市房地产业对相关产业带动效应研究的主要结论

（1）与目前理论界的一些定性判断相似，我们的定量分析结果也表明，房地产业的产业链很长，能带动多个相关产业的发展。在国民经济 42 个产业中，几乎所有产业都与房地产业有或大或小的关联关系，房地产业的产业链之所以长是因为房地产业对其他产业既有通过直接、间接渠道产生的影响，又有后向拉动和前向推动等多个方向的共同作用，这些因素共同使得房地产业的发展对其他产业及国民经济的波及面增大，使房地产业在整个国民经济中处于牵一发而动全身的重要地位，从而名副其实地成为经济运行状况的风向标，同时也引起了政府有关部门、相关学者及普通老百姓等社会各界的普遍关注。因此，促进房地产业与其相关产业的协调发展、优化产业结构是保持国民经济健康发展的重要一环。

（2）尽管国民经济众多产业中绝大部分与房地产业有关联关系，但在产业链条上并不是每一个环节都很关键，其中只有一部分产业与房地产业关联密切，尤其是关联关系特别密切的产业数目更少。从产业关联强度来看，金融保险业、租赁和商务服务业、信息传输、计算机服务和软件业、住宿和餐饮业等几大产业与房地产业关联关系极其密切，它们与房地产业不仅后向关联，而且前向关联，这些产业对房地产业的发展同时存在着后向拉动和前向推动的双重作用。在这些特别密切的相关产业中，最引人注目的是金融业，无论前向还是后向关联，在众多产业中均名列前茅。这种过分密切的关联关系可能造成产业结构失调、致使房地产业资金过于密集，从而导致发展过热，因此，本书第六章专门研究北京市房地产业与金融业的相互关系。国家在制定相关产业政策的时候需要考虑到房地产业的特殊性，尤其要注意房地产业和密切关联产业之间相互影响、相互依存的关系，促进经济平稳健康发展。

（3）从产业关联方向看，在 42 个产业中，后向关联度高于均值的密切关联产业有16个，多于前向关联密切的11个，说明北京房地产业对经济的需求拉动作用强于供给推动作用。其中，建筑业、电力、热力的生产和供应业、交通运输及仓储业、仪器仪表及文化办公用机械制造业与房地产业仅后向关联，这些产业向房地产业供给产品或服务，房地产业有效地消耗这些产品和服务，对此类产业的发展具有后向拉动作用。这些产业多属于第二产业范畴，且多具有物质生产型的产业特点。批发和零售贸易业、综合技术服务业、公共管理和社会组织、旅游业，与房地产业仅前向关联，这些产业的发展需要房地产业提供产品和服务，房地产业对此类产业的发展具有前向推动作用。这充分说明，北京房地产业发展主要影响物质资本型、原材料消耗型产业，与房地产业相关的服务性产业类型较少，说明我国房地产业对经济产生的主要是物质资本型拉动效应。

（4）从影响因素看，经济水平仅是影响房地产业与相关产业关联度的因素之一，在经济水平偏高的地区，房地产业与电子、信息、社会服务等产业的关联度增大，最重要的是应考虑产业之间的天然的内在联系，如房地产业与金融业、建筑业、社会服务业等。在制定宏观政策时应着重考虑理顺产业链上的这些产业关系。

（5）北京市房地产业与金融业的相关程度位居全国之首，对特大城市而言具有典型性和代表性，这格外引人注目，因而，本书在第六章专门研究北京房地产业与金融业之间的关联关系。

第六章　北京市房地产业与金融业的关联关系

第五章中北京市房地产业对相关产业带动效应的测算结果显示，与北京市房地产业联系最密切的产业是金融业，本章专门对北京市房地产业与金融业的相关关系进行分析，主要目的在于：第一，考察房地产业与金融业产业关联度与其他产业相比在国民经济内部结构中所处的地位、作用及其变动趋势，从而判断房地产业与金融业的经济联系对国民经济的影响程度；第二，以国际发展经验为标准评价目前北京房地产业与金融业的产业关联度是否处于合理范围、是否该引起警觉。

实际上，在市场经济条件下，房地产业与金融业之间的密切关系缘于两个产业天然、内在的经济联系。房地产业因其运转周期较长、数额巨大、范围广阔，需要巨额的、经常性的信贷资金，需要金融业的大力支撑；而金融业则因房地产具备极佳的信用担保品性质，在完善的体制下可以最大限度地降低信贷风险，从而将房地产业视为一种安全性和收益性都很高的优良资产和“黄金业务”，是金融业较佳的投资领域。据统计，当今世界各国商业银行的房地产贷款占信贷资产的比例一般是1/4～1/3，如1994年美国商业银行房地产贷款总额占整个金融业贷款总额的34.8%。然而，过犹不及，国际经验证明，如果房地产业和金融业间的经济联系超过一定限度，则会引起金融资金推动型的地产泡沫，从而危及金融业乃至整个经济体的安全。例如，在上个世纪末发生的亚洲金融危机，特别是日本长达十几年的经济危机中，都经历了房地产价格异常膨胀后飞速下跌引发金融动荡的过程。房地产泡沫的破裂首先威胁金融业，造成有房地产金融业务的银行出现呆坏账，银行体系运转失灵，接着因房地产业的资金链条断裂波及其他产业，致使整个国民经济陷入困境。反之，如果房地产业与金融业的产业关联度过低，即金融业对房地产业支持不力，则会限制房地产业进而影响房地产业链条上众多产业的发展，致使宏观经济不景气，因此，无论房地产业过度发展还是发展不足都首当其冲地影响金融业，房地产业与金融业之间合理的产业结构至关重要。

金融业和房地产业分别列为北京市经济的第二和第四大产业，均属于北京市国民经济支柱产业，对宏观经济的贡献和影响都很大。同时，北京房地产业的发展在全国具有典型性和代表性，量化研究北京房地产业与金融业的产业关联关系不仅对于保证北京市两个产业健康协调发展、促进地区整体经济健康运行具有重要意义，而且对于全国制定合理的产业发展政策、保证房地产业和金融业健康平稳发展具有一定的参考价值。

第一节　北京市房地产业与金融业关联度测算及动态分析

本部分的数据资料是：2005 年北京市 42 个部门投入产出延长表、2002 年北京市 42 个部门投入产出表和 1997 年北京市 40 个部门投入产出表，据此可计算出不同时段内房地产业与其相关产业的直接消耗系数、完全消耗系数、直接分配系数和完全分配系数等指标，并将各指标降序排列，排列结果显示，北京市房地产业与金融业的产业关联度无论后向还是前向均名列前茅。

一、北京市房地产业与金融业后向关联度测算与动态分析

通过计算，2005 年、2002 年、1997 年北京市房地产业的主要后向关联产业数及产业类型见表 6-1。

北京市 1997～2005 年房地产业的主要后向关联产业类型　　表 6-1

年份	后向直接关联		后向完全关联	
	产业数	产业类型	产业数	产业类型
2005 年	8 个	金融保险业、租赁和商务服务业、建筑业、电力、热力的生产和供应业、信息传输、计算机服务和软件业、住宿和餐饮业、交通运输及仓储业、仪器仪表及文化办公用机械制造业	16 个	金融保险业、租赁和商务服务业、电力、热力生产和供应业、信息传输、计算机服务和软件业、交通运输及仓储业、通信设备、计算机及其他电子设备制造业、综合技术服务业、住宿和餐饮业、石油加工、炼焦及核燃料加工业、金属冶炼及压延加工业、仪器仪表及文化办公用机械制造业、化学工业、造纸印刷及文教用品制造业、其他社会服务业
2002 年	7 个	金融保险业、租赁和商务服务业、房地产业、建筑业、电力、热力的生产和供应业、住宿和餐饮业、造纸印刷及文教用品制造业	11 个	金融保险业、租赁和商务服务业、房地产业、造纸印刷及文教用品制造业、信息传输、计算机服务和软件业、电力、热力的生产和供应业、通信设备、计算机及其他电子设备制造业、交通运输及仓储业、文化、体育和娱乐业、化学工业、住宿和餐饮业

续表

年份	后向直接关联		后向完全关联	
	产业数	产业类型	产业数	产业类型
1997年	7个	金融保险业、社会服务业、其他制造业、商业、非金属矿物制造业、货物运输及仓储业、电力及蒸汽热水生产和供应业	8个	金融保险业、社会服务业、商业、电子及通信设备制造业、化学工业、货物运输及仓储业、其他制造业、非金属矿物制造业

北京市房地产业与金融业后向直接关联度与后向完全关联度分别见表6-2。

北京市1997～2005年房地产业与金融业的后向关联关系比较　　表6-2

年份	后向直接关联			后向完全关联		
	关联度	比例	位次	关联度	比例	位次
2005年	0.1334	36.5%	1	0.1708	17.4%	1
2002年	0.2767	46.2%	1	0.3835	27.7%	1
1997年	0.3417	51.1%	1	0.4833	28.9%	1

资料来源：1997年、2002年、2005年北京市投入产出表房地产业的消耗系数计算而得。
注：表中的比例为房地产业与金融业关联度占房地产业对国民经济各产业总关联效应的比例。

后向关联度动态分析结果显示：

（1）由表6-1可以看出，在与房地产业后向密切关联的产业中，不论直接关联还是完全关联，北京房地产业与金融保险业的后向关联度始终位列第一，房地产业对金融保险业的依赖性非常强。

（2）表6-2显示，在动态变化上，不论直接关联还是完全关联，北京房地产业与金融保险业的后向关联度大小及其在后向总效应中的比例均呈逐步下降的趋势：后向直接关联度由1997年的0.3417降为2005年的0.1334，房地产业与金融业后向直接关联度占房地产业对国民经济各产业直接关联效应的比例也由1997年的51.1%下降为2005年的36.5%；后向完全关联度由1997年的0.4833降为2005年的0.1708，房地产业与金融业后向完全关联度占房地产业对国民经济各产业完全关联效应的比例也由1997年的28.9%下降为2005年的17.4%。动态变化表明，随着时间的推移，在宏观调控等因素的影响下，北京房地产业的生产过程中对金融保险业的消耗量有所减少，过分依赖金融保险业的局势有所缓解，产业结构正趋于合理。

（3）将表6-2与表6-1进行对比可以看出，无论是后向直接关联度还是后向完全关联度，北京均高于国际水平的上限，表明北京房地产业与金融业的后向关联关系异常密切，房地产业对金融业的中间消耗过大，房地产业发展中过分依赖资金投入，产业结构极不合理，应该引起人们的重视。

二、北京房地产业与金融业前向关联度动态分析与评价

通过计算，2005年、2002年、1997年北京市房地产业的主要前向关联产业数及产业类型见表6-3。

北京市1997~2005年房地产业的主要前向关联产业类型　　表6-3

年份	前向直接关联		前向完全关联	
	产业数	产业类型	产业数	产业类型
2005年	9个	批发和零售贸易业、金融保险业、租赁和商务服务业、综合技术服务业、信息传输、计算机服务和软件业、公共管理和社会组织、住宿和餐饮业、旅游业、房地产业	11个	批发和零售贸易业、租赁和商务服务业、金融保险业、信息传输、计算机服务和软件业、通信设备、计算机及其他电子设备制造业、综合技术服务业、建筑业、交通运输及仓储业、公共管理和社会组织、住宿和餐饮业、房地产业
2002年	8个	金融保险业、批发和零售贸易业、综合技术服务业、租赁和商务服务业、房地产业、信息传输、计算机服务和软件业、公共管理和社会组织、住宿和餐饮业	12个	金融保险业、房地产业、通信设备、计算机及其他电子设备制造业、批发和零售贸易业、综合技术服务业、租赁和商务服务业、建筑业、信息传输、计算机服务和软件业、交通运输及仓储业、公共管理和社会组织、住宿和餐饮业、化学工业
1997年	3个	金融保险业、商业、社会服务业	9个	金融保险业、社会服务业、商业、建筑业、电子及通信设备制造业、金属冶炼及压延加工业、化学工业、行政机关及其他行业、货物运输及仓储业

北京市房地产业与金融业后向直接关联度与后向完全关联度分别见表6-4。

北京市1997~2005年房地产业与金融业的前向关联关系比较　　表6-4

年份	前向直接关联			前向完全关联		
	关联度	比例	位次	关联度	比例	位次
2005年	0.0152	17.8%	2	0.0187	8.8%	3
2002年	0.1855	39.4%	1	0.2522	23.7%	1
1997年	0.4603	74.6%	1	0.6348	43.7%	1

资料来源：1997年、2002年、2005年北京市投入产出表房地产业的消耗系数计算而得。
注：表中的比例为房地产业与金融业关联度占房地产业对国民经济各产业总关联效应的比例。

前向关联度动态分析结果显示：

（1）由表6-3可以看出，房地产业的主要前向直接关联产业多数属第三产业，也就是说房地产业的产品或服务主要被分配到第三产业部门作为中间投入，这在房

地产业的直接分配结构中表现得尤为明显。在与房地产业前向密切关联的产业中，不论直接关联还是完全关联，北京房地产业与金融保险业的前向关联度在众多产业中名列前茅，基本处于前三位的范围，房地产业对金融保险业的推动作用比较大。

（2）表6-4显示，在动态变化上，不论直接关联还是完全关联，北京房地产业与金融保险业的前向关联度大小及其在前向总效应中的比例均呈逐步下降的趋势：前向直接关联度由1997年的0.4603降为2005年的0.0152，房地产业与金融业前向直接关联度占房地产业对国民经济各产业直接关联效应的比例也由1997年的74.6%下降为2005年的17.8%；前向完全关联度由1997年的0.6348降为2005年的0.0187，房地产业与金融业前向完全关联度占房地产业对国民经济各产业完全关联效应的比例也由1997年的43.7%下降为2005年的8.8%。动态变化表明，随着时间的推移，在宏观调控等因素的影响下，北京房地产业的生产过程中对金融保险业的分配量有所减少，房地产业对金融保险业的推动作用逐渐减小。

（3）将表6-4与表6-3进行对比可以看出，1997年、2002年北京市房地产业与金融保险业的前向直接关联度和前向完全关联度，均高于国际水平的上限，表明北京房地产业与金融业的前向关联关系异常密切，房地产业对金融保险业的中间分配过大；2005年北京房地产业与金融保险业的前向直接关联度处于国际水平的合理区间范围内，但完全关联度稍低于国际水平的下限，说明房地产业对金融保险业的直接分配量适中，完全分配量稍低。因此，应适量加强房地产业对金融保险业的供给推动作用。

第二节　北京市房地产业与金融业产业关联度地区比较

由于不同地区经济发展水平有很大差异，房地产业与金融保险业的发展程度和规模也具有明显的地域性，为探询不同地区房地产业与金融保险业的关联程度和关联特点，本书按照我国经济发展水平的梯度分别选择浙江、江苏、甘肃三个省市分别作为发达地区、较发达地区和欠发达地区的代表，利用各省市2002年42×42产业投入产出表测算房地产业与金融保险业的关联度，并进行地区比较分析，探询不同地区房地产业与金融保险业之间的关联特点。

一、地区划分和样本选择

与第五章中房地产业与相关产业的地区比较相似，本部分仍按照经济发展水平的差异进行样本选择，将北京、浙江作为发达地区的代表，将江苏作为较发达地区的代表，将甘肃作为欠发达地区的代表。

二、不同地区房地产业与金融业产业关联的投入产出分析

1. 不同地区房地产业与金融业后向关联度动态分析与评价

通过计算，2002年北京、浙江、江苏、甘肃房地产业与金融业后向直接关

联度与后向完全关联度见表6-5。

2002年不同地区房地产业与金融业的后向关联关系比较　　表6-5

年份	后向直接关联			后向完全关联		
	关联度	比例	位次	关联度	比例	位次
北京	0.2767	46.2%	1	0.3835	27.7%	1
浙江	0.0798	27.8%	2	0.0915	11.1%	2
江苏	0.0186	8.9%	5	0.0107	4.5%	4
甘肃	0.1145	18.5%	2	0.1502	9.6%	3

资料来源：2002年北京、浙江、江苏、甘肃42产业投入产出表直接和完全消耗系数计算而得。

由表6-5可以看出，在与房地产业后向密切关联的产业中，不论直接关联还是完全关联，北京房地产业与金融保险业的后向关联度始终位列第一，后向直接关联度和后向完全关联度的大小均分别高于浙江、江苏和甘肃，并且北京房地产业与金融保险业在后向总效应中的比例也均分别高于上述三个省份，说明北京房地产业对金融保险业的需求很大，金融保险业对北京房地产业的增长起着至关重要的作用。

2. 不同地区房地产业与金融业前向关联度动态分析与评价

通过计算，2002年北京、浙江、江苏、甘肃房地产业与金融业前向直接关联度与前向完全关联度见表6-6。

2002年不同地区房地产业与金融业的前向关联关系比较　　表6-6

年份	前向直接关联			前向完全关联		
	关联度	比例	位次	关联度	比例	位次
北京	0.1855	39.4%	1	0.2522	23.7%	1
浙江	0.0268	13.7%	2	0.0309	5.0%	8
江苏	0.0100	9.6%	3	0.0124	4.1%	6
甘肃	0.0203	9.2%	2	0.0309	6.3%	3

资料来源：2002年北京、浙江、江苏、甘肃42个产业投入产出表直接和完全分配系数计算而得。

由表6-6可以看出，在与房地产业前向密切关联的产业中，不论直接关联还是完全关联，北京房地产业与金融保险业的前向关联度始终位列第一，前向直接关联度和前向完全关联度的大小均分别高于浙江、江苏和甘肃，并且北京房地产业与金融保险业在前向总效应中的比例也均分别高于上述三个省份，说明北京房地产业每一个单位增加值通过直接或间接联系向金融保险业提供的完全分配量比较大，北京房地产业对金融保险业的供给推动作用较上述三个省份大，二者关系较其他省份显著密切。

综上，房地产业与金融业后向关联和前向关联的地区比较结果显示，北京市两个产业的关联度、房地产业对金融保险业消耗的比重以及房地产业分配给金融保险业的比重均高于国内其他省市，这不仅进一步表明北京房地产业与金融保险业之间显著密切，同时也说明，作为国内发达地区的代表，北京两个产业之间过分依赖的异常关系在全国具有典型性。

第三节 北京市房地产业与金融业关联度的判断标准与方法

与其他产业相比，尽管北京房地产业与金融业之间各个年份的产业关联度大多数高居第一，地区比较中也高于其他省市，但这种偏高的关联度水平是否处于合理范围仍有待进一步分析。对此，本部分以笔者的前期研究成果中关于 OECD 四成员国（美国、日本、英国、澳大利亚）20 世纪 70 ~90 年代房地产业与金融业的关联度变化范围为依据进一步作出评价。

前期研究中曾对 OECD 四成员国（美国、日本、英国、澳大利亚）20 世纪 70 ~90 年代房地产业与其密切相关产业的各个关联度分别进行了测算，其中房地产业与金融保险业的关联度变化范围见表 6-7。鉴于美国、日本、英国、澳大利亚四个发达国家的经济经过 20 多年的发展，房地产业与金融业之间的产业结构具有一定的稳定性和代表性，本书将此表中的关联度范围作为评价北京市房地产业与金融业关联度是否合理、是否该引起警觉的数量依据。

国际上房地产业与金融业关联度变化范围 表 6-7

	后向关联		前向关联	
	直接关联度	完全关联度	直接关联度	完全关联度
关联度范围	0.0076 ~0.0683	0.0173 ~0.0936	0.0133 ~0.1688	0.0191 ~0.1074

资料来源：刘水杏，《房地产业关联特性及带动效应研究》，北京：中国人民大学出版社，2006。

评价方法是，将北京房地产业与金融业的后向关联度、前向关联度分别与表 6-8 中显示的相应指标相对比，如果高于范围上限，则认为房地产业与金融业的关联度偏高、产业关联过于密切，所采取的产业政策应注意防范房地产业过热甚至地产泡沫的产生；反之则认为二者的关联度偏低，房地产业可能发展不足或金融业对房地产业的支持力度不够。

将表6-2、表6-4 与表6-7 逐项对比可以得出，北京房地产业与金融业的后向直接关联度范围为0.1334 ~0.3417，是国际水平上限0.0683 的2 ~5 倍；后向完全关联度范围为0.1708 ~0.4833，是国际水平上限0.0936 的1.8 ~5.2 倍；前向直接关联度除2005 年在国际范围之内外，其余年份分别是0.1855 和0.4603，是国际水平上限0.1688 的1 ~2.7 倍；前向完全关联度为除2005 年在国际范围之内外，其余年份分别为0.2522 和0.6348，是国际水平上限0.1074 的2.4 ~5.9

倍。这表明，与 OECD 四成员国（美国、日本、英国、澳大利亚）20 世纪 60 ~ 90 年代 20 多年的发展经验和数据相比，目前北京房地产业与金融业之间无论后向关联还是前向关联，其产业关联度绝大多数不同程度偏高，这种过分密切的产业关联关系在经济波动时期容易对于宏观经济产生重创，近些年来金融政策以及房地产业的实际发展状况也证实了这一点。

第四节　北京市房地产业与金融业产业关联度研究的主要结论

通过对 1997 年、2002 年、2005 年北京市 40 个部门和 42 个部门投入产出表的动态分析以及对 2002 年北京与浙江、江苏、甘肃 42 个部门的投入产出表的地区比较以及以国际发展经验为标准进行判断，可以得出如下结论：

（1）目前北京房地产业与金融业之间，无论后向关联度还是前向关联度，无论直接关联度还是完全关联度，均偏高，产业结构不尽合理。

（2）通过动态比较可以发现，北京市房地产业与金融保险业的关联度变小，金融保险业在房地产业的消耗和分配总量中所占的比重有所下降，这说明北京市房地产业对金融保险业过分依赖的程度有所降低，产业之间的比例关系正在向合理化发展。

（3）通过地区比较可以发现，北京市房地产业与金融保险业的关联度高于其他省份，房地产业对金融保险业消耗的比重以及房地产业分配给金融保险业的比重都高于其他省份，说明北京房地产业与金融保险业的关系显著密切。作为国内发达地区的代表，北京两个产业之间过分依赖的异常关系在全国具有典型性。

（4）以国际经验为标准进行判断，目前北京房地产业与金融业之间无论后向关联还是前向关联，无论直接关联还是完全关联，其产业关联度绝大多数不同程度偏高，甚至数倍于国际数据，这种过分密切的产业关联关系在经济波动时期容易引致宏观经济危机。

从实际发展情况看也证实了这一点，目前北京市房地产业过分依赖金融业，一方面，房地产供给方如开发商，甚至包括政府下属部门如北京市土地整理储备中心等的资金来源均以银行间接贷款为主；另一方面，从需求方即消费者也通过抵押贷款形式进行间接融资，因而可以说，从供求双方将金融业绑在了房地产业上看，房地产业与金融业的风险甚高。

第七章　北京市房地产业对国民经济贡献及其所处地位

房地产业对国民经济的影响除了体现在对产业链上不同产业的影响和波及，还体现在该产业对国民经济的贡献上，因而测算房地产业对国民经济的贡献率实际上是定量反映房地产业在国民经济中的地位的一个指标。

第一节　贡献率的测算思路

本书认为，房地产业对国民经济的贡献率来自于两个方面，一是房地产业本产业对国民经济的直接贡献率；二是因房地产业发展带动相关产业发展而产生的间接贡献率。在学习相关理论的基础上，根据 1998 ~2008 年的相关数据从直接贡献率与间接贡献率两个角度分别测算房地产业对北京市国民经济的贡献率。直接贡献率方面，分别采用增长值测算法及增长拉动率测算法测算房地产业对国民经济的直接贡献率，并从回归分析的角度分别分析房地产业增加值与国民经济、房地产开发投资额与国民经济的关系，确定回归方程，明确其经济意义。间接贡献率方面，考虑到房地产业与国民经济其他各产业部门较广泛的关联关系，首先根据投入产出表测算房地产业与国民经济其他各部门的关联程度，明确关联关系、关联方式等，并测算出房地产业对其他各产业部门的带动效应，用带动效应对各产业的直接贡献率进行修正，得到房地产业对国民经济的间接贡献率。将直接贡献率与间接贡献率加总得到房地产业对国民经济发展的总贡献率。

第二节　北京市房地产业对国民经济的直接贡献率

一、增长值法测算直接贡献率

1. 数据处理

在测算之前，首先要将数据进行必要的处理。由于国民生产总值（GDP）有按当年价格计算的现价 GDP 与按不变价格计算的不变价 GDP 之分，按当年价格计算的现价 GDP 是指按照当年实际价格计算的国民经济各部门所生产的产品或服务价值的总和，反映了当年的实际情况；按不变价格计算的 GDP 是指消除了价格因素的影响，按照基期价格计算的 GDP。所以，经济增长率、产业部门的贡献和贡献率也有现价和不变价之分。在我国公布的统计数据中，经济增长率都是按照不变价格计算的，故测算产业部门的贡献率也应消除价格因素的影响，采用不变价格测算其真实贡献率。

不变价 GDP = 现价 GDP/GDP 平减指数❶

设：

当年名义 GDP：Y_i　　基年名义 GDP：Y_0

当年定基实际 GDP 指数：y_i　　基年定基实际 GDP 指数：$y_0 = 100$

当年 GDP 平减指数：d_i　　基年 GDP 平减指数：$d_0 = 1$

由 $(Y_i/d_i)/(Y_0/d_0) = y_i/y_0$

得：$d_i = 100 \times Y_i/(Y_0 \times y_i)$

则：不变价 GDP $= Y_i/d_i = Y_i \times Y_0 \times y_i/100Y_i = Y_0 \times y_i/100$

根据以上测算公式，将 1998 ~ 2008 年北京市 GDP 与房地产业增加值转换为以 1998 年为基期的不变价数据，见表 7-1。

以 1998 年为基期的 1998 ~ 2008 年北京市 GDP 与房地产业增加值不变价格表　表 7-1

年份	GDP（亿元）（Y_i）	房地产业增加值（亿元）	指数（1998 = 100）（y_i）	当年 GDP 平减指数（d_i）	不变价 GDP（亿元）	不变价房地产业增加值（亿元）
1998	2376.0	68.3	100.0	1.00	2376.00	68.30
1999	2677.6	69.5	110.9	1.02	2635.25	68.40
2000	3161.0	77.4	124.0	1.07	2946.28	72.14
2001	3710.5	111.0	138.5	1.13	3290.63	98.44
2002	4330.4	163.1	154.4	1.18	3669.37	138.20
2003	5023.8	190.6	171.4	1.23	4072.73	154.52
2004	6060.3	436.1	195.6	1.30	4647.00	334.40
2005	6886.3	455.3	218.7	1.33	5195.55	343.51
2006	7861.0	559.8	246.6	1.34	5860.34	417.33
2007	9353.3	644.2	279.5	1.41	6639.91	457.32
2008	10488.0	610.8	304.6	1.45	7237.35	421.49

2. 测算过程

增长值法测算某产业对经济的直接贡献率，即该产业增加值的增量与国民经济总产值增量的比率，反映了该产业对国民经济的贡献程度。

用 G_t 和 G_{t-1} 分别表示某产业当期和基期的产值，GDP_t 和 GDP_{t-1} 分别表示国

❶ GDP 平减指数（GDP Deflator），又称 GDP 缩减指数，是指没有剔除物价变动前的 GDP（现价 GDP）增长与剔除了物价变动后的 GDP（即不变价 GDP（constant-price GDP）或实质 GDP）增长之商。

民经济当期和基期的产值，则增长值法测算贡献率的公式为：

$$a = (G_t - G_{t-1}) / (GDP_t - GDP_{t-1}) \times 100$$

a 值越大，说明该产业对国民经济增长所贡献的百分比越大，反之越小。

根据此测算公式，本文选取 1998 ~ 2008 年间的数据进行分析测算，测算结果见表 7-2。

1999 ~ 2008 年按不变价格计算的北京市房地产业对国民经济的直接贡献率　　表 7-2

年份	地区生产总值（亿元）	地区生产总值变动额	房地产业增加值（亿元）	房地产业增加值变动额	房地产业贡献率（%）
1998	2376.00		68.30		
1999	2635.25	259.25	68.40	0.10	0.04
2000	2946.28	311.03	72.14	3.74	1.20
2001	3290.63	344.34	98.44	26.30	7.64
2002	3669.37	378.74	138.20	39.76	10.50
2003	4072.73	403.36	154.52	16.31	4.04
2004	4647.00	574.27	334.40	179.88	31.32
2005	5195.55	548.56	343.51	9.11	1.66
2006	5860.34	664.79	417.33	73.82	11.10
2007	6639.91	779.57	457.32	39.99	5.13
2008	7237.35	597.44	421.49	-35.83	-6.00
均值					6.66

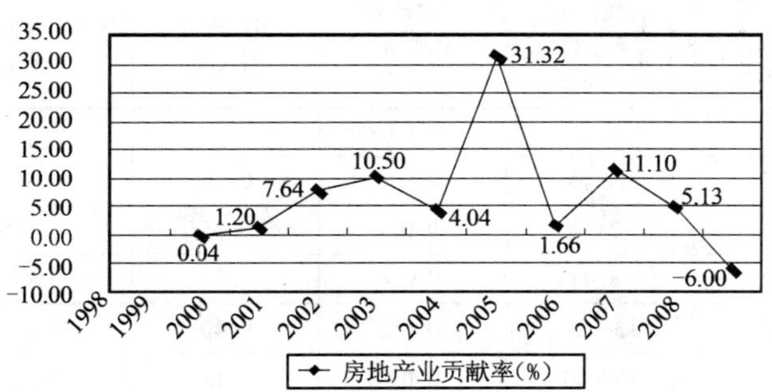

图 7-1　不同年份房地产业直接贡献率图

结果显示：自 1999 ~ 2002 年，北京市房地产业对国民经济的贡献率呈明显上升趋势，从较低的 0.04% 上升到 2002 年的 10.5%，增长速度较快，这主要受 1998 年取消福利性分房政策的影响，北京市房地产业得到迅猛发展。2003 年这一指标改变了一直以来的增长趋势，下降到 4.04%。2003 ~ 2006 年，北京市房地产业对国民经济的贡献率处于明显的震荡期，从 2003 年的 4.04% 急速上升到 2004 年的 31.32%，之后又急速回落到 2005 年的 1.66%，2006 年又上升到相对较高的11.1%，这种变化主要体现了房地产市场对国家宏观调控政策的反映。2007年和2008年，北京市房地产业对国民经济的贡献率持续下降，2008年甚至出现了负值。主要是在全球金融危机的大背景下，房地产业这一与金融业密切相关的产业首先受到了冲击，房地产市场一度萧条。另外，由于奥运会的召开，北京市2008年全年很长一段时间限制施工，对房地产业也产生了较大影响。

将1999～2008年房地产业对国民经济的直接贡献率取平均值，得6.66%，即这十年间，北京市国民经济每增长100单位产值，房地产业平均直接贡献6.66单位，亦表示：在GDP的增长速度中，有6.66%是由房地产业直接贡献的。

二、增长拉动率法

增长拉动率是某一产业的产出增长对国民经济总产出增长率的贡献程度。它判断的是某产业对国民经济增长的贡献大小[1]，用公式表示为：

$$\triangle GDP/GDP=(\triangle M_1/M_1)\times(M_1/GDP)+(\triangle M_2/M_2)\times(M_2/GDP)+\cdots+(\triangle M_n/M_n)\times(M_n/GDP)$$

右式中的$(\triangle M_i/M_i)\times(m_i/GDP)$即为某产业对经济增长贡献的百分点，也可称为增长拉动率。它等于某产业自身的增长速度$(\triangle M_i/M_i)$与其占GDP的比重(M_i/GDP)的乘积。

根据1998～2008年北京市房地产业增加值及GDP不变价格计算的房地产业对经济增长拉动率结果见表7-3。

以1998～2008年不变价格测算的北京市房地产业对国民经济的增长拉动率　表7-3

年份	地区生产总值GDP（亿元）	房地产业增加值（亿元）	房地产业增加值/GDP	房地产业增长率	GDP增长率（%）	增长拉动率（%）
1998	2376.00	68.30	0.03			
1999	2635.25	68.40	0.03	0.00	10.91	0.00
2000	2946.28	72.14	0.02	0.05	11.80	0.13
2001	3290.63	98.44	0.03	0.36	11.69	1.09
2002	3669.37	138.20	0.04	0.40	11.51	1.52
2003	4072.73	154.52	0.04	0.12	10.99	0.45
2004	4647.00	334.40	0.07	1.16	14.10	8.38
2005	5195.55	343.51	0.07	0.03	11.80	0.18
2006	5860.34	417.33	0.07	0.21	12.80	1.53
2007	6639.91	457.32	0.07	0.10	13.30	0.66
2008	7237.35	421.49	0.06	-0.08	9.00	-0.46
均值				0.24	11.79	1.35

[1] 参见李双久，《房地产业与国民经济发展的国际比较研究》，长春：吉林大学博士论文，2007。

根据表7-3的数据，1999～2008年间，北京市房地产业对国民经济的增长拉动率与贡献率类似，呈现出明显的震荡特点，2004年达到峰值8.38%，表明在当年14.10%的经济增长率中，有8.38个百分点来自于房地产业的贡献。而2008年由于整体经济形势的影响，房地产业产值较上年减少近36亿元，增长率呈负值，导致这一年房地产业对国民经济的增长拉动率出现负值。从均值水平看，在11.79%的平均经济增长率中，有1.35个百分点是房地产业贡献的，这一拉动率水平是比较大的。

三、从回归分析角度测算房地产业与国民经济的关系

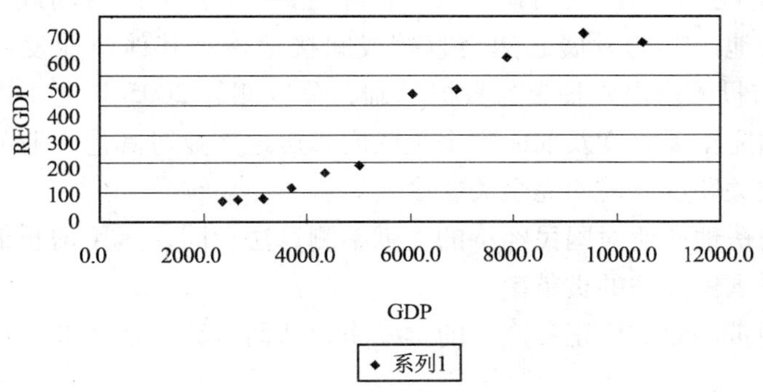

图7-2 1998～2008年REGDP与GDP关系散点图

从以上散点图可以看出（图7-2），房地产业增加值（REGDP）与国民经济（GDP）之间存在明显的线性相关性，可以用线性回归方法进行分析。设定国民经济（GDP）为被解释变量，房地产业增加值（REGDP）为解释变量，运用SPSS 15.0建立回归模型，计算机输出结果如下：

Coefficients（a）

Model	Unstandardized Coefficients		Standardized Coefficients	t	Sig.
	B	Std. Error	Beta	B	Std. Error
1 （Constant）	2133.962	373.510		5.713	.000
REGDP	11.357	.983	.968	11.559	.000

a Dependent Variable：GDP

根据输出结果得到回归方程：

$$GDP = 2133.962 + 11.357 REGDP$$

其经济意义是：房地产业增加值每增长 1 个单位，可带动国民经济增长 11.357 个单位，房地产业对国民经济的带动作用十分显著。

第三节 北京市房地产业对国民经济的间接贡献率

一、测算思路

房地产业对国民经济的间接贡献率是通过影响其关联产业的发展，进而影响整个国民经济的。

首先，运用投入产出法测算房地产业对主要相关产业的带动效应。按照投入产出原理，房地产业的发展必然会直接或间接地带动其他产业发展，本部分以 2005 年北京市投入产出延长表为数据基础，分别测算 2005 年北京市房地产业与各产业的后向完全关联度及前向完全关联度，房地产业对其他产业的总带动效应即为后向完全关联度与前向完全关联度之和。

其次，与房地产业对国民经济的贡献率测算法相同，运用增长值贡献法测算各相关产业对国民经济的贡献率。

最后，用带动效应修正各产业的贡献率，从而测算房地产业对国民经济的间接贡献率。

二、测算步骤

（1）采用增长值贡献法，依据 1998 ~ 2008 年[1]北京市各产业增加值的统计数据，计算各产业对国民经济的贡献率。

（2）用第五章中所测算的房地产业对国民经济各产业的带动效应对各年份各产业对国民经济的贡献率进行修正（用带动效应分别乘以各年份的贡献率）。

（3）将每一年份修正后的各产业贡献率相加，即该年份房地产业对国民经济的间接贡献率，将各年份的间接贡献率取平均值，得到 1999 ~ 2008 年房地产业对国民经济的平均贡献率。

相应计算结果见表 7-4。

---

[1] 个别产业的 GDP 数据为 1998 ~ 2007 年：同时，租赁和商务服务业、信息传输、计算机服务和软件业、非金属矿采选业、其他社会服务业、废品废料业为 2002 年后设置的产业类型，故《北京市统计年鉴》中没有这四个产业 2002 年前的产业增加值数据。

1999 年及 2000 年按不变价格计算的北京市房地产业对国民经济的间接贡献率❶ **表 7-4**

相关产业		带动效应	1999 年		2000 年	
			相关产业对 GDP 的直接贡献率	用房地产业的带动效应修正得到的间接贡献率	相关产业对 GDP 的直接贡献率	用房地产业的带动效应修正得到的间接贡献率
1	农业	0.0094	-0.1788	-0.0017	-1.0192	-0.0096
2	煤炭开采和洗选业	0.0179	0.5635	0.0101	0.7546	0.0135
3	石油和天然气开采业	0.0089	0.1503	0.0013	-0.0726	-0.0006
4	金属矿采选业	0.0105	0.3323	0.0035	-0.0207	-0.0002
5	非金属矿采选业	0.0010				
6	食品制造及烟草加工业	0.0228	2.3847	0.0544	-0.0017	0.0000
7	纺织业	0.0045	6.8579	0.0309	-1.8092	-0.0081
8	服装皮革羽绒及其制品业	0.0033	1.1749	0.0039	0.6571	0.0022
9	木材加工及家具制造业	0.0063	1.1605	0.0073	0.5435	0.0034
10	造纸印刷及文教用品制造业	0.0258	1.4598	0.0377	-0.2179	-0.0056
11	石油加工、炼焦及核燃料加工业	0.0306	10.7716	0.3296	32.7555	1.0023
12	化学工业	0.0286	4.5730	0.1308	4.9003	0.1401
13	非金属矿物制品业	0.0129	-14.0603	-0.1814	0.5513	0.0071
14	金属冶炼及压延加工业	0.0278	-7.8705	-0.2188	7.5730	0.2105
15	金属制品业	0.0132	3.3776	0.0446	1.6767	0.0221
16	通用、专用设备制造业	0.0216	18.4501	0.3985	15.1236	0.3267
17	交通运输设备制造业	0.0459	0.3823	0.0175	-5.3422	-0.2452
18	电气、机械及器材制造业	0.0202	2.5694	0.0519	1.1147	0.0225
19	通信设备、计算机及其他电子设备制造业	0.0586	29.9690	1.7562	75.3813	4.4173

❶ 受数据获取途径及方法的限制，表 7-4 中的数据未包含废品废料业，由于房地产业对废品废料业的带动效应很小，故对计算结果无太大影响。

续表

相关产业		带动效应	1999 年		2000 年	
			相关产业对 GDP 的直接贡献率	用房地产业的带动效应修正得到的间接贡献率	相关产业对 GDP 的直接贡献率	用房地产业的带动效应修正得到的间接贡献率
20	仪器仪表及文化办公用机械制造业	0.0272	0.7914	0.0215	0.7238	0.0197
21	其他制造业	0.0056	-0.5791	-0.0032	-0.0194	-0.0001
22	电力、热力的生产和供应业	0.0688	-0.3710	-0.0255	-0.4950	-0.0341
23	燃气生产和供应业	0.0019	1.4306	0.0027	0.0634	0.0001
24	水的生产和供应业	0.0018	2.1506	0.0039	0.4218	0.0008
25	建筑业	0.0613	4.5056	0.2762	-1.0106	-0.0620
26	交通运输及仓储业	0.0549	4.0271	0.2211	3.9596	0.2174
27	邮政业	0.0049	1.3449	0.0066	1.3178	0.0065
28	信息传输、计算机服务和软件业	0.0709				
29	批发和零售贸易业	0.0403	0.2742	0.0111	-0.3312	-0.0133
30	住宿和餐饮业	0.0349	0.0822	0.0029	0.5619	0.0196
31	金融保险业	0.1895	34.9836	6.6294	13.4284	2.5447
32	房地产业	0.0115	0.0389	0.0004	1.2030	0.0138
33	租赁和商务服务业	0.1149				
34	旅游业	0.0082	7.9198	0.0649	-1.8475	-0.0151
35	科学研究事业	0.0067	3.6257	0.0243	-0.6080	-0.0041
36	综合技术服务业	0.0468	3.6143	0.1691	-0.5927	-0.0277
37	其他社会服务业	0.0278				
38	教育事业	0.0108	0.3380	0.0036	0.4327	0.0047
39	卫生、社会保障和社会福利业	0.0032	0.9561	0.0031	2.3141	0.0074
40	文化、体育和娱乐业	0.0239	1.8515	0.0443	2.1845	0.0522
41	公共管理和社会组织	0.0070	4.5841	0.0321	2.6859	0.0188
合计		1.1926	133.6355	9.9647	156.9406	8.6476

数据来源：带动效应根据 2005 年北京市投入产出延长表计算，直接贡献率根据北京市统计年鉴数据计算。

由于篇幅的限制，表7-4仅列出了1999年及2000年的测算数据，测算结果显示，1999年北京市国民经济每增加100单位产值，房地产业通过需求拉动及供给推动等方式作用于关联产业，通过这种间接关系对国民经济的增长贡献9.9647单位；同理，2000年间接贡献8.6476单位产值。其他年份的测算方法相同。

依据增长值法测算的房地产业对国民经济的直接贡献率为6.66%，间接贡献率为10.13%，可见，若考虑产业关联效应，则房地产业对国民经济的贡献率将被放大近一倍，房地产业通过产业关联的方式影响国民经济的作用是不容忽视的，从产业关联角度分析房地产业对国民经济的贡献率更准确、更全面地反映了房地产业对国民经济的贡献是不可或缺的。

第四节　北京市房地产业对国民经济的总贡献率

如前所述，房地产业对国民经济的贡献率可分为直接贡献率和间接贡献率两个方面，将1999~2008年各年房地产业对国民经济的直接贡献率与间接贡献率相加即得各年份房地产业对国民经济的总贡献率（表7-5），这一时期北京市房地产业对国民经济贡献率的均值为16.79%，其经济意义是：若北京市地区生产总值增加100单位产值，其中房地产业的贡献为16.79单位；也可理解为：在经济增长速度中，有16.79%是由房地产业贡献的。

1999~2008年间北京市房地产业对国民经济的总贡献率　　表7-5

年　份	直接贡献率（%）	间接贡献率（%）	总贡献率（%）
1999	0.04	9.96	10.00
2000	1.20	8.65	9.85
2001	7.64	4.70	12.34
2002	10.50	1.50	12.00
2003	4.04	16.69	20.73
2004	31.32	12.05	43.37
2005	1.66	19.14	20.80
2006	11.10	10.41	21.51
2007	5.13	10.76	15.89
2008	-6.00	7.41	1.41
均值	6.66	10.13	16.79

在历年的测算结果中，2004及2008年的数据尤为特殊：2004年总贡献率高达68.74%，而2008年又低至负值，深入分析，主要基于以下几点因素：

第一，2003年8月12日，建设部公布了国务院18号文件，即《国务院关于促进房地产市场持续健康发展的通知》，该"通知"在要求"加强房地产贷款监管"的同时称"对符合条件的房地产开发企业和房地产项目，要继续加大信贷支持力度"。从融资角度考虑，这一"通知"的出台对房地产业无疑是个利好政策，对房地产业的发展起到了很大推动作用。

第二，2004 年 3 月，国土资源部、监察部联合下发了《关于继续开展经营性土地使用权招标拍卖挂牌出让情况执法监察工作的通知》(即"71 号令")，要求从 2004 年 8 月 31 日起，所有经营性的土地一律都要公开竞价出让。也就是说，在 2004 年 8 月 31 日之前，各省区市不得再以历史遗留问题为由采用协议方式出让经营性国有土地使用权，以前盛行的以协议出让经营性土地的做法被正式叫停，这被称为"地产界的土地革命"。这一通知的出台使消费者预期到房价将会上涨，纷纷抢购房产，致使 04 年北京市房地产业增加值增长迅速。

第三，2008 年受国际金融危机的影响，全球房地产业的发展陷入低迷，北京房市也未能幸免。同时，为了迎接奥运会，2008 年北京很长一段时间限制施工，对房地产业也产生了一定程度的影响。

第五节 主要结论及北京市房地产业在国民经济中的产业定位

一、测算结果

从数量看，房地产业对国民经济的贡献率较大，已超过国际经验数据（即贡献率在 5% 以上）。

贡献率测算结果显示，1999 ~2008 年间北京市房地产业对国民经济的直接贡献率为 6.66%，间接贡献率为 10.13%，总贡献率为 16.79%，表明在国民经济增长速度中，有 6.66% 是通过房地产业本身直接推动经济增长的；有 10.13% 是房地产业通过产业关联效应间接推动经济增长的；总体来看，共有 16.79% 是通过房地产业贡献的。在国民经济 42 个产业部门中，仅仅房地产业的贡献率就高达 16.79%。而根据有关资料显示，美国房地产业对国民经济的贡献率为 14%[1]，北京的这一指标已经超过了美国，这种贡献作用是十分显著的。

二、北京市房地产业的产业定位

依据主导产业判断基准，北京市房地产业无疑是国民经济的主导产业。

尽管目前学界关于房地产业能否作为国民经济的主导产业的问题仍有很多不同的声音，存在很大争议，但通过以上关于主导产业理论的论述、主导产业选择

[1] 参见梁荣，《中国房地产业发展规模与国民经济总量关系研究》，北京：经济科学出版社，2005，第 49 页。

基准的描述以及北京市房地产业对国民经济贡献率、拉动率、回归分析等一系列测算，我们完全可以根据理论标准、数据结论（即主导产业对国民经济贡献率大且对相关产业带动效应明显；另据经验标准，即一个产业的产值规模至少达到GDP的5%才可能成为主导产业判断）认为，当前北京市房地产业远远超出了这些标准，多年来的确是北京市国民经济的主导产业。

第八章　北京市房地产业的社会效应——就业效应

就业是民生之本。扩大就业，促进再就业，关系到一个国家或地区经济的平稳发展、人民生活水平的提高和社会的长治久安。北京市房地产业的发展是随着国家城镇住房制度改革和城市土地使用制度改革发展起来的，在20多年的发展历程中，该产业在促进本地区城市和区域经济增长、带动其他相关产业发展、满足居住住房需求、美化居住环境等诸多方面的作用显著，特别是，北京市的房地产发展可提供大量的就业机会，对解决当地社会就业问题做出了巨大的贡献，但是目前尚没有准确的数字能够说明北京房地产业对就业的综合带动效应。鉴于此，量化研究北京市房地产业发展对社会就业的促进作用，能够为该产业的未来定位和选择发展方式提供政策上的导向作用。

第一节　房地产业对社会就业带动效应的测算思路

本部分运用就业产值弹性模型对北京市房地产业的综合就业带动能力进行测算。我们认为，房地产业对社会就业的带动效应来自于两个方面，一是房地产业本产业发展产生的直接社会就业带动效应；二是因房地产业发展带动相关产业发展产生的间接就业带动效应。

一、北京房地产业自身发展对社会就业的带动效应测算思路

北京市房地产业自身发展对社会就业带动效应的测算思路与方法是：

第一步，利用1998年~2009年的《北京统计年鉴》，收集北京市1997年~2007年间房地产业每年的总产量和就业人数的数据。

第二步，根据经济增长与就业人数之间呈非线性关系，采用中科院国情分析小组建立的经济增长与就业人数之间的非线性模型 $L=f(Y)=\alpha Y^{a}$（Y 表示北京房地产业产值，L 表示北京房地产业就业人数，a 表示常数，α 表示就业产值弹性系数），并将模型函数模式两边取对数，变成易于求解就业产值弹性系数 α 的形式：$\ln L=a+\alpha\ln Y+e$（Y 表示北京房地产业产值，L 表示北京房地产业就业人数，a 表示常数，α 表示就业产值弹性系数，e 表示随机误差）。

第三步，将北京市1997年~2008年间房地产业每年的总产量和对应的就业

人数的数据代入函数 $\ln L = a + \alpha \ln Y + e$ 之中，利用 SPSS 统计软件进行回归计算，最终确定北京市房地产业就业产值弹性系数 α 的值。

二、北京房地产业通过产业关联对社会就业带动效应测算思路

北京市房地产业通过产业关联作用对社会就业带动效应的测算思路与方法是：

第一步，利用投入产出模型分别确定出房地产业的后向和前向关联产业类型，并测算房地产业同相关产业的后向关联度和前向关联度。

第二步，利用弹性分析模型分别测算房地产业后向关联产业和前向关联产业的弹性系数。

第三步，分别用房地产业与其所有后向、前向相关产业的关联度修正弹性系数，求得因房地产业发展带动相关产业发展而产生的就业带动效应。

第四步，计算房地产业通过产业关联对社会就业的带动效应，以及房地产业吸纳本产业就业和通过产业关联对社会就业影响的总体效应。

第二节 北京房地产业自身发展对社会就业的带动效应

为了有效分析北京房地产业吸引本行就业的问题，量化研究北京房地产业吸纳本行业就业能力，本书采用了就业产量弹性模型中的弹性系数法，它是一种操作性强的定量分析法，在多种定量分析研究中大量运用，近年来在我国多个省市的经济预测分析、规划及定量研究中也得到了应用。

量化研究北京房地产业带动社会就业效所采用的就业产量弹性模型，需要以下假设条件。根据凯恩斯学派观点，只有实际就业量能准确地反映社会需求的变化，就业弹性系数才能正确反映出经济增长对劳动力的需求量。而在市场经济配置社会劳动的条件下，实际的社会需求数是可以真实反映劳动从业量的。根据这一条件，就业弹性系数能够印证经济增长对社会需求量的变动，所以，采用就业吸纳弹性这个概念的前提是：我们假设由市场完全配置社会劳动力，同时将技术进步、资本积累等要素对经济带动的作用忽略不计。

如第三章模型介绍，所谓就业产量弹性系数是衡量经济增长引起就业增长的一个指标，即在某一时期内就业人数的变化率与产值变化率之比。

具体到房地产业前向关联产业的就业产值弹性，也就是各产业的产值增长率每变动百分之一引起该产业就业增长率变动的百分比。一个变量是产值，另一个变量是就业人数，其他变量暂不考虑，也就是说其他的对就业的影响因素不作考虑，只考虑产值的变化对就业变化的影响。通过查询 1998 年~2008 年历年的北京统计年鉴，本书得到 1997 年~2007 年各年北京市房地产业总产量和房地产业就业人数的数据，见表 8-1。

不同年份北京房地产业从业人员、房地产业产值 表 8-1

年　　份	房地产业产值（亿元）	房地产业就业人数（万人）
1997	41.2	7.4
1998	68.3	9.4
1999	69.5	10.6
2000	77.4	12.5
2001	111.0	13.8
2002	163.1	16.7
2003	190.6	19.7
2004	436.1	32.1
2005	455.3	38.0
2006	559.8	42.7
2007	664.3	47.3
2008	610.8	46.7

资料来源：1996～2009 年《北京统计年鉴》。

将表 8-1 中数据运用弹性模型计算，得出北京房地产业就业产出弹性 $\alpha=0.671$，即北京房地产业产量每增长 1%，房地产业就业量增长 67.1%，说明北京房地产业对就业的吸纳能力很强。

第三节　北京房地产业通过产业关联对社会就业的带动效应分析

房地产业发展对社会就业的意义不仅在于房地产业的发展可以增加本产业的就业机会，更重要的是借助房地产业较长的产业链条促进其他产业发展产生的就业机会。

一、北京房地产业通过后向关联作用对社会就业的带动效应

房地产业具有很强的关联作用，带动了国民经济诸多相关产业的发展，本书在第五章中分析了房地产业后向关联的产业类型，并通过 2002 年和 2005 年北京投入产出表中数据，分析出与北京房地产业后向关联产业的完全关联系数。此外，房地产业的发展对通过各相关产业的完全消耗需求，推动了相关产业生产的扩大，带动了相关产业大量的就业需求增加，从而对整个国民经济的就业产生了巨大的“乘数效应”，这就是房地产业引致间接后向关联产业就业的重要特点。

本书按照如下三个步骤测算房地产业通过后向关联作用对社会就业的带动效应：

（1）与房地产业后向关联的产业类型及关联度。

见第五章表 5-6。

（2）与房地产业后向关联产业的产量就业弹性测算。

本书主要利用就业产值弹性来考察各个产业对劳动力的吸纳能力。通过查询1998年~2008年历年的北京统计年鉴，本书得到1997年~2007年北京市房地产业后向关联产业（42个）产量和就业人数的数据（表8-2）。

1997~2007年北京房地产后向关联产业产值和就业人数（1）　　表8-2a

年份	金融保险业		租赁和商务服务业		电力、热力的生产和供应业		信息传输、计算机服务和软件业	
	在岗职工人数	行业总产值(亿元)	在岗职工人数	行业总产值(亿元)	在岗职工人数	行业总产值(亿元)	在岗职工人数	行业总产值(亿元)
1997年	73928	202.48			28056	71.22		
1998年	71533	220.70			26965	72.64		
1999年	72174	316.40			26494	72.83		
2000年	69662	378.90			25026	75.25		
2001年	71574	441.20			25301	74.55		
2002年	80644	469.40			23875	87.55		
2003年	82565	598.60	332751	165.10	23317	102.15	156261	317.80
2004年	100694	713.80	385982	276.60	47649	117.50	162713	449.70
2005年	108495	836.60	423081	346.80	43027	600.03	175451	583.20
2006年	123974	974.10	448779	413.40	43955	847.65	196764	688.50
2007年	132044	1286.30	467419	554.50	51035	1068.00	271240	855.90

1997~2007年北京房地产后向关联产业产值和就业人数（2）　　表8-2b

年份	交通运输及仓储业		建筑业		交通运输设备制造业		通信设备、计算机及其他电子设备制造业	
	在岗职工人数	行业总产值(亿元)	在岗职工人数	行业总产值(亿元)	在岗职工人数	行业总产值(亿元)	在岗职工人数	行业总产值(亿元)
1997年	209627	135.79	607954	556.40	128413	149.53	83658	283.81
1998年	200397	154.45	525946	678.60	102944	115.31	71889	477.06
1999年	186792	167.54	470119	750.60	98297	118.17	67783	563.67
2000年	195243	190.12	486860	812.50	86828	106.95	66631	846.73
2001年	190204	218.53	562711	1055.40	78165	160.95	86135	948.24
2002年	282691	235.56	640993	1211.30	91352	236.13	81185	893.14
2003年	284472	259.80	590163	1521.20	94172	456.11	80188	942.58
2004年	313897	356.80	369972	1505.70	112724	710.45	89147	1127.79
2005年	330250	458.30	351036	1894.00	107214	817.68	89913	1775.51
2006年	384142	404.66	283710	2167.90	103936	1003.59	99460	2234.24
2007年	392741	428.21	276356	2576.80	102558	1057.36	124514	2663.13

1997～2007 年北京房地产后向关联产业产值和就业人数（3）　　表 8-2c

年份	住宿和餐饮业		石油加工、炼焦及核燃料加工业		金属冶炼及压延加工业		仪器仪表及文化办公用机械制造业	
	在岗职工人数	行业总产值(亿元)	在岗职工人数	行业总产值(亿元)	在岗职工人数	行业总产值(亿元)	在岗职工人数	行业总产值(亿元)
1997 年	168303	51.67	50924	139.97	176965	206.95	34123	28.85
1998 年	169081	53.74	40941	114.23	151162	176.88	25183	33.94
1999 年	168078	54.82	43421	144.44	141170	158.99	23691	36.57
2000 年	159640	59.76	40147	261.82	130078	193.15	20658	41.03
2001 年	163541	63.94	25531	240.02	110744	305.75	23769	44.18
2002 年	187987	69.70	29947	278.80	98740	315.01	26383	65.61
2003 年	178505	92.30	28779	208.95	86253	406.74	26741	84.51
2004 年	212867	163.30	11786	275.00	67641	507.49	26509	109.85
2005 年	204454	182.80	14426	592.51	69787	594.18	27845	158.21
2006 年	200857	219.60	19278	540.37	66177	601.06	28977	183.87
2007 年	203158	247.00	21297	601.73	62452	679.64	28369	215.68

1997～2007 年北京房地产后向关联产业产值和就业人数（4）　　表 8-2d

年份	化学工业		造纸印刷及文教用品制造业		其他社会服务业		综合技术服务业	
	在岗职工人数	行业总产值(亿元)	在岗职工人数	行业总产值(亿元)	在岗职工人数	行业总产值(亿元)	在岗职工人数	行业总产值(亿元)
1997 年	62598	99.93	68733	52.89			185079	33.36
1998 年	54800	107.28	59335	73.09			206559	40.41
1999 年	45844	121.05	57781	78.11			186885	50.58
2000 年	40530	144.17	54121	81.75			171324	51.43
2001 年	50338	132.01	54416	78.01			216889	73.85
2002 年	49622	148.40	63704	92.07			158558	85.5
2003 年	42921	271.22	63178	101.61	51751	43.60	191553	98.85
2004 年	52322	378.24	66169	110.07	64320	79.60	142161	102.16
2005 年	48654	243.91	62063	135.15	61800	84.50	158504	115.6
2006 年	40243	263.93	57909	157.86	60830	94.50	172616	137.8
2007 年	40933	322.00	57346	181.41	58592	95.60	183270	163.03

1997～2007年北京房地产后向关联产业产值和就业人数（5）　　表8-2e

年份	食品制造及烟草加工业		文化、体育和娱乐业		电气、机械及器材制造业		通用、专用设备制造业	
	在岗职工人数	行业总产值（亿元）	在岗职工人数	行业总产值（亿元）	在岗职工人数	行业总产值（亿元）	在岗职工人数	行业总产值（亿元）
1997年	30831	26.086	135412	45.00	62262	78.2219	151052	58.4704
1998年	30945	28.4155	134721	58.05	48470	77.8989	125326	64.475
1999年	43473	35.154	131871	63.86	42928	85.919	118452	114.112
2000年	35012	37.1136	134075	74.72	52772	94.4425	121270	170.959
2001年	30543	41.3879	134870	84.44	43113	122.2115	109841	164.768
2002年	28976	46.8833	135527	91.20	44217	156.2672	98967	182.769
2003年	30818	89.0293	105514	97.30	43070	146.2006	108198	241.094
2004年	35529	110.8519	121105	142.70	42931	183.2013	116277	324.877
2005年	36252	155.4736	126073	171.30	43058	222.2787	120140	469.163
2006年	32848	112.0804	122881	191.40	39679	254.6922	122150	338.225
2007年	34606	126.7645	125617	227.40	41127	266.7821	128119	309.755

1997～2007年北京房地产后向关联产业产值和就业人数（6）　　表8-2f

年份	煤炭开采和洗选业		批发和零售贸易业		金属制品业		非金属矿物制品业	
	在岗职工人数	行业总产值（亿元）	在岗职工人数	行业总产值（亿元）	在岗职工人数	行业总产值（亿元）	在岗职工人数	行业总产值（亿元）
1997年	11237	9.7216	496462	175.78	40765	53.3684	72148	132.45
1998年	13425	10.8729	420736	182.81	35233	52.9745	77843	136.497
1999年	12998	12.532	401975	186.47	30434	62.7229	62969	101.653
2000年	11899	15.7507	364093	195.79	30889	71.8249	61051	109.176
2001年	15340	25.8962	338717	213.41	31247	64.7741	68488	120.639
2002年	19872	33.2252	321785	228.35	44072	65.7102	63971	188.089
2003年	20199	54.1051	320616	248.90	42766	72.3111	61183	123.891
2004年	12311	87.8274	372022	587.80	46589	88.3036	66188	150.778
2005年	12796	117.3423	343490	654.10	39629	79.7893	57336	193.817
2006年	13432	120.1128	323341	751.90	37326	65.72	53258	182.165
2007年	13001	195.8549	347382	879.40	38095	70.3958	52935	131.469

1997～2007年北京房地产后向关联产业产值和就业人数（7） 表8-2g

年份	金属矿采选业		石油和天然气开采业		农业		教育事业	
	在岗职工人数	行业总产值(亿元)	在岗职工人数	行业总产值(亿元)	在岗职工人数	行业总产值(亿元)	在岗职工人数	行业总产值(亿元)
1997年	31983	7.0979	597	6.1009	5056	84.85	335765	125.83
1998年	30002	7.0477	637	6.3671	4663	86.56	329908	136.89
1999年	28764	8.0363	683	6.8654	5078	87.48	320688	139.98
2000年	22935	8.4165	708	7.0069	5209	88.97	314538	149.25
2001年	24738	8.9961	725	7.2652	5376	93.08	305279	163.67
2002年	2968	9.0197	851	7.7894	6698	95.64	305056	219.7
2003年	2223	9.7198	862	8.0325	5398	98.05	301363	232.4
2004年	3273	10.238	966	7.9296	8933	105.39	329681	286.3
2005年	3400	11.8294	1083	8.3945	7996	98	328388	315.2
2006年	3052	9.3346	1678	17.5871	6693	98.8	331313	351.7
2007年	3105	9.187	2649	15.0495	6495	95.5	341199	411.5

1997～2007年北京房地产后向关联产业产值和就业人数（8） 表8-2h

年份	木材加工及家具制造业		房地产业		其他制造业		邮政业	
	在岗职工人数	行业总产值(亿元)	在岗职工人数	行业总产值(亿元)	在岗职工人数	行业总产值(亿元)	在岗职工人数	行业总产值(亿元)
1997年	19032	15.925	68851	41.20	12903	15.673	45777	45.27
1998年	17718	16.905	83622	68.30	15305	16.514	43428	51.48
1999年	17180	20.2335	89821	69.50	13543	15.254	44719	55.85
2000年	12991	23.1784	103153	77.40	16066	16.042	42757	63.37
2001年	15059	19.8267	109786	111.00	12375	19.753	43037	72.84
2002年	18189	25.2617	130481	163.10	9389	13.926	52223	84.6
2003年	18284	25.8858	150396	190.50	10735	17.207	58954	78.53
2004年	19243	30.253	191083	228.40	14221	16.614	55769	118.9
2005年	19728	38.6816	196148	455.30	9466	17.161	56494	134.9
2006年	18885	23.4569	204019	514.80	11385	12.541	58780	152.76
2007年	18235	22.2492	226351	587.60	13573	16.86	52560	167.53

1997～2007年北京房地产后向关联产业产值和就业人数（9） 表8-2i

年份	科学研究事业		纺织业		旅游业		服装皮革羽绒及其制品业	
	在岗职工人数	行业总产值(亿元)	在岗职工人数	行业总产值(亿元)	在岗职工人数	行业总产值(亿元)	在岗职工人数	行业总产值(亿元)
1997年	172247	33.35	69687	25.8277	315112	118.83	58580	49.469
1998年	138213	40.4	48435	21.5257	329908	126.19	52389	49.854
1999年	131756	50.6	42264	39.9365	320688	149.08	49331	53.75
2000年	122506	51.4	51044	36.1319	314618	151.25	50857	58.948
2001年	103352	73.8	33225	35.5128	305279	160.27	50338	64.434
2002年	105163	85.5	45436	33.1366	310051	219.7	77893	60.462
2003年	99005.3	98.85	42827	58.4092	301849	222.8	75584	62.403
2004年	81550	92.16	34005	53.8222	329681	286.3	72947	67.148
2005年	86646.3	115.6	31495	69.2043	328388	317.2	68267	88.787
2006年	92438	137.8	26789	36.9051	334113	361.7	62409	78.592
2007年	95271	163	26543	34.2922	351119	410.5	59293	78.711

1997～2007年北京房地产后向关联产业产值和就业人数（10） 表8-2j

年份	燃气生产和供应业		废品废料		水的生产和供应业		非金属矿采选业	
	在岗职工人数	行业总产值(亿元)	在岗职工人数	行业总产值(亿元)	在岗职工人数	行业总产值(亿元)	在岗职工人数	行业总产值(亿元)
1997年	8102	3.1739			5965	4.9251		
1998年	8270	3.6993			6232	6.7495		
1999年	8486	7.5272			6169	12.523		
2000年	8383	8.1596			6284	14.6308		
2001年	8224	9.3585			5715	13.3816		
2002年	8298	9.7489	802	1219.7	6049	13.8923	1879	2.0009
2003年	7563	12.0745	834	1032.4	6339	22.1817	1784	2.1643
2004年	6960	16.1416	863	9034	6484	28.7946	3421	1.9016
2005年	7083	19.1301	844	12024	6184	28.1726	2875	2.0292
2006年	7741	23.9602	989	8122	6127	23.8991	2035	1.9786
2007年	8400	27.1005	775	7047	6337	27.56	1564	2.1839

1997～2007 年北京房地产后向关联产业产值和就业人数（11）　　表 8-2k

年　份	公共管理和社会组织		卫生、社会保障和社会福利业	
	在岗职工人数	行业总产值（亿元）	在岗职工人数	行业总产值（亿元）
1997 年	324848	44.22	135412	29.06
1998 年	305769	45.10	134727	30.58
1999 年	295817	57.90	131871	33.59
2000 年	242554	70.10	135451	43.19
2001 年	241711	76.70	134870	51.5
2002 年	223740	84.20	135527	55.45
2003 年	256156	96.50	130626	63.1
2004 年	267143	126.70	146435	105.9
2005 年	271994	229.20	152306	116.2
2006 年	284096	267.70	158527	135.7
2007 年	2984962	293.70	163700	154.7

资料源于：1998 年～2008 年《北京统计年鉴》（注：租赁和商务服务业、信息传输、计算机服务和软件业、非金属矿采选业、其他社会服务业、废品废料业为 2002 年后设置的产业类型，故北京统计年鉴中没有这四个产业 2002 年前的总产量及就业人数数据）。

按照就业产值弹性系数计算方法测算出北京房地产业后向相关产业的就业产值弹性，计算结果如表 8-3 所示。

房地产各个后向关联行业就业产出弹性　　表 8-3

产　业	弹　性	产　业	弹　性
金融保险业	35.75%	煤炭开采和洗选业	2.11%
租赁和商务服务业	29.43%	批发和零售贸易业	-9.45%
电力、热力的生产和供应业	23.28%	金属制品业	34.09%
房地产业	43.95%	非金属矿物制品业	-14.58%
信息传输、计算机服务和软件业	50.59%	金属矿采选业	-59.28%
交通运输及仓储业	60.18%	石油和天然气开采业	23.75%
建筑业	-44.46%	农业	86.1%
交通运输设备制造业	4.14%	教育事业	2.87%
通信设备、计算机及其他电子设备制造业	19.29%	木材加工及家具制造业	13.29%

续表

产　业	弹　性	产　业	弹　性
综合技术服务业	-9.1%	其他制造业	29.55%
住宿和餐饮业	15.14%	邮政业	21.77%
石油加工、炼焦及核燃料加工业	-59.8%	科学研究事业	-39.20%
金属冶炼及压延加工业	66.48%	纺织业	-38.50%
仪器仪表及文化办公用机械制造业	5.16%	旅游业	2.71%
化学工业	14.5%	服装皮革羽绒及其制品业	34.04%
文化、体育和娱乐业	-6.44%	燃气生产和供应业	-4.31%
造纸印刷及文教用品制造业	-4.15%	废品废料	2.65%
其他社会服务业	20.53%	水的生产和供应业	2.79%
食品制造及烟草加工业	2.95%	非金属矿采选业	-43.40%
电气、机械及器材制造业	-33.99%	公共管理和社会组织	51.37%
通用、专用设备制造业	-6.40%	卫生、社会保障和社会福利业	11.35%

表8-3中各后向关联产业就业产出弹性表示，各产业的产业产值增长率每变动1%，引起该产业就业增长率变动的百分比。

（3）测算房地产业通过后向关联作用而产生的就业带动效应。

根据各后向关联产业就业产出弹性值（表8-3），利用房地产业对后向相关产业关联系数（表5-6）进行修正，得出房地产业产业产值每变动1%，带动后向关联产业变动的百分比。用公式表示，即为：

房地产带动后向产业就业产量弹性(%)=房地产后向关联系数×后向产业就业产量弹性（%）

表5-6列出2002年、2005年北京房地产业后向相关产业关联系数，乘以各后向相关产业就业产量弹性，得出2002年、2005年北京房地产业带动各个后向相关产业就业产量弹性，并将其进行加总，分别算出2002年、2005年北京房地产业带动后向相关产业的就业产量弹性。如表8-4所示，2002年就业产量弹性为26.32%，表示北京房地产业产值每变动1%，通过带动其后向相关产业产量变化，影响全部后向相关产业就业量变动26.32%；2005年就业产量弹性为11.76%，表示北京房地产业产值每变动1%，通过带动其后向相关产业产量变化，影响全部后向相关产业就业量变动11.76%。

房地产业对后向关联产业就业量的带动效应 **表 8-4**

2002 年后向关联产业				2005 年后向关联产业			
产业名称	后向关联系数	就业产量弹性	房地产带动后向产业就业产量弹性	产业名称	后向关联系数	就业产量弹性	房地产带动后向产业就业产量弹性
金融保险业	0.3835	35.75%	13.71%	金融保险业	0.1708	35.75%	6.11%
租赁和商务服务业	0.1759	29.43%	5.18%	租赁和商务服务业	0.0940	29.43%	2.77%
房地产业	0.0868	43.95%	3.82%	电力、热力的生产和供应业	0.0651	23.28%	1.52%
造纸印刷及文教用品制造业	0.0561	-4.15%	-0.23%	信息传输、计算机服务和软件业	0.0529	50.59%	2.68%
信息传输、计算机服务和软件业	0.0510	50.59%	2.59%	交通运输及仓储业	0.0481	60.18%	2.89%
电力、热力的生产和供应业	0.0508	23.28%	1.18%	建筑业	0.0473	-44.46%	-2.10%
通信设备、计算机及其他电子设备制造业	0.0484	19.29%	0.93%	交通运输设备制造业	0.0410	4.14%	0.17%
交通运输及仓储业	0.0457	60.18%	2.75%	通信设备、计算机及其他电子设备制造业	0.0406	19.29%	0.78%
文化、体育和娱乐业	0.0438	-6.44%	-0.28%	住宿和餐饮业	0.0291	15.14%	0.44%
化学工业	0.0414	-14.53%	-0.60%	石油加工、炼焦及核燃料加工业	0.0274	-59.80%	-1.64%
住宿和餐饮业	0.0365	15.14%	0.55%	金属冶炼及压延加工业	0.0259	-66.48%	-1.73%
建筑业	0.0221	-44.46%	-0.98%	仪器仪表及文化办公用机械制造业	0.0254	5.16%	0.13%
石油加工、炼焦及核燃料加工业	0.0297	-59.80%	-1.78%	化学工业	0.0249	-14.53%	-0.36%
仪器仪表及文化办公用机械制造业	0.0287	5.16%	0.15%	造纸印刷及文教用品制造业	0.0247	-4.15%	-0.10%
综合技术服务业	0.0236	-9.06%	-0.21%	其他社会服务业	0.0237	20.53%	0.49%
煤炭开采和洗选业	0.0230	2.11%	0.05%	食品制造及烟草加工业	0.0201	2.95%	0.0595%
通用、专用设备制造业	0.0206	-6.40%	-0.13%	文化、体育和娱乐业	0.0200	-6.44%	-0.129%

续表

2002年后向关联产业				2005年后向关联产业			
产业名称	后向关联系数	就业产量弹性	房地产带动后向产业就业产量弹性	产业名称	后向关联系数	就业产量弹性	房地产带动后向产业就业产量弹性
金属冶炼及压延加工业	0.0200	-66.48%	-1.33%	电气、机械及器材制造业	0.0184	-33.99%	-0.625%
交通运输设备制造业	0.0194	4.14%	0.08%	通用、专用设备制造业	0.0181	-6.40%	-0.115%
食品制造及烟草加工业	0.0169	2.95%	0.05%	煤炭开采和洗选业	0.0172	2.11%	0.0363%
非金属矿物制品业	0.0155	-14.58%	-0.23%	批发和零售贸易业	0.0148	-9.45%	-0.139%
金属制品业	0.0155	34.09%	0.53%	金属制品业	0.0123	34.09%	0.4191%
电气、机械及器材制造业	0.0138	-33.99%	-0.47%	非金属矿物制品业	0.0114	-14.58%	-0.166%
农业	0.0125	86.1%	1.08%	金属矿采选业	0.0105	-59.28%	-0.625%
石油和天然气开采业	0.0122	23.75%	0.29%	石油和天然气开采业	0.0089	23.75%	0.2124%
木材加工及家具制造业	0.0113	13.29%	0.15%	农业	0.0081	86.1%	0.7030%
其他社会服务业	0.0091	20.53%	0.19%	教育事业	0.0078	2.87%	0.0226%
科学研究事业	0.0081	-39.20%	-0.32%	木材加工及家具制造业	0.0058	13.29%	0.0777%
金属矿采选业	0.0066	-59.28%	-0.39%	房地产业	0.0057	43.95%	0.2535%
纺织业	0.0064	-38.50%	-0.25%	其他制造业	0.0049	29.55%	0.1476%
批发和零售贸易业	0.0061	-9.45%	-0.06%	邮政业	0.0042	21.77%	0.0929%
教育事业	0.0057	2.87%	0.02%	科学研究事业	0.0041	-39.20%	-0.1587%
服装皮革羽绒及其制品业	0.0042	34.04%	0.14%	纺织业	0.0040	-38.50%	-0.154%
燃气生产和供应业	0.0040	-4.31%	-0.02%	旅游业	0.0033	2.71%	0.0089%
邮政业	0.0036	21.77%	0.08%	服装皮革羽绒及其制品业	0.0024	34.04%	0.0809%
其他制造业	0.0034	29.55%	0.10%	燃气生产和供应业	0.0018	-4.31%	-0.008%

续表

2002年后向关联产业				2005年后向关联产业			
产业名称	后向关联系数	就业产量弹性	房地产带动后向产业就业产量弹性	产业名称	后向关联系数	就业产量弹性	房地产带动后向产业就业产量弹性
水的生产和供应业	0.0033	2.79%	0.01%	废品废料	0.0017	2.65%	0.0044%
卫生、社会保障和社会福利事业	0.0033	11.35%	0.04%	水的生产和供应业	0.0016	2.79%	0.0045%
非金属矿采选业	0.0022	-43.40%	-0.10%	非金属矿采选业	0.00101	-43.40%	-0.044%
废品废料	0.0018	2.65%	0.0048%	公共管理和社会组织	0.0008	51.37%	0.0416%
公共管理和社会组织	0.0006	51.37%	0.03%	卫生、社会保障和社会福利业	0.0007	11.35%	0.0089%
旅游业	0.0004	2.71%	0.0009%	食品制造及烟草加工业	0.02012	2.95%	0.0595%
合计	1.3735		26.32%	合计	0.97063		11.76%

通过动态比较2002年、2005年北京房地产后向关联产业就业弹性，本部分得出以下两点结论：

（1）不论2002年还是2005年，房地产业通过后向关联作用对社会就业产生的带动效应主要体现在产业链条上与房地产业密切关联的产业类型，如金融保险业、租赁和商务服务业、信息传输、计算机服务和软件业等。

（2）2005年各后向相关产业的关联度均有下降趋势，使得后向相关产业总就业弹性减小（由26.32%降为11.76%）。究其原因，北京政府在2004年、2005年为保证北京房地产健康、良性发展，出台抑制房地产发展过快、过热的各类调控政策，如提高贷款利率、控制购买第二套住房政策、提高银行准备金等，其效用一方面使北京的产业结构逐渐趋于合理、宏观经济发展趋于正常，另一方面也在一定程度上抑制了房地产业及其相关产业的发展，削弱了房地产带动后向相关产业就业的作用。

二、北京房地产业通过前向关联作用对社会就业的带动效应分析

与测算北京房地产业后向关联作用产生的社会就业效应相似，可以通过三个步骤测算出前向关联产业的就业效应。

（1）确定房地产业的前向关联产业及其关联度。

见第五章表5-7。

（2）测算与房地产业前向关联产业的产量就业弹性。

同样，利用就业产值弹性来考察房地产业各个前向关联产业对劳动力的吸纳

能力。通过查询1998~2008年历年的北京统计年鉴，本书得到1997年~2007年北京市房地产业前向关联产业（共40个）产量和就业人数的数据（表8-5）。

1997~2007年北京房地产前向关联产业产值和就业人数（1）　　表8-5a

年份	金融保险业		租赁和商务服务业		电力、热力的生产和供应业		信息传输、计算机服务和软件业	
	在岗职工人数	行业总产值(亿元)	在岗职工人数	行业总产值(亿元)	在岗职工人数	行业总产值(亿元)	在岗职工人数	行业总产值(亿元)
1997年	73928	202.48			28056	71.22		
1998年	71533	220.70			26965	72.64		
1999年	72174	316.40			26494	72.83		
2000年	69662	378.90			25026	75.25		
2001年	71574	441.20			25301	74.55		
2002年	80644	469.40			23875	87.55		
2003年	82565	598.60	332751	165.10	23317	102.15	156261	317.80
2004年	100694	713.80	385982	276.60	47649	117.50	162713	449.70
2005年	108495	836.60	423081	346.80	43027	600.03	175451	583.20
2006年	123974	974.10	448779	413.40	43955	847.65	196764	688.50
2007年	132044	1286.30	467419	554.50	51035	1068.00	271240	855.90

1997~2007年北京房地产前向关联产业产值和就业人数（2）　　表8-5b

年份	交通运输及仓储业		建筑业		交通运输设备制造业		通信设备、计算机及其他电子设备制造业	
	在岗职工人数	行业总产值(亿元)	在岗职工人数	行业总产值(亿元)	在岗职工人数	行业总产值(亿元)	在岗职工人数	行业总产值(亿元)
1997年	209627	135.79	607954	556.40	128413	149.53	83658	283.81
1998年	200397	154.45	525946	678.60	102944	115.31	71889	477.06
1999年	186792	167.54	470119	750.60	98297	118.17	67783	563.67
2000年	195243	190.12	486860	812.50	86828	106.95	66631	846.73
2001年	190204	218.53	562711	1055.40	78165	160.95	86135	948.24
2002年	282691	235.56	640993	1211.30	91352	236.13	81185	893.14
2003年	284472	259.80	590163	1521.20	94172	456.11	80188	942.58
2004年	313897	356.80	369972	1505.70	112724	710.45	89147	1127.79
2005年	330250	458.30	351036	1894.00	107214	817.68	89913	1775.51
2006年	384142	404.66	283710	2167.90	103936	1003.59	99460	2234.24
2007年	392741	428.21	276356	2576.80	102558	1057.36	124514	2663.13

1997～2007 年北京房地产前向关联产业产值和就业人数（3）　　表 8-5c

年　份	住宿和餐饮业		石油加工、炼焦及核燃料加工业		金属冶炼及压延加工业		仪器仪表及文化办公用机械制造业	
	在岗职工人数	行业总产值（亿元）	在岗职工人数	行业总产值（亿元）	在岗职工人数	行业总产值（亿元）	在岗职工人数	行业总产值（亿元）
1997 年	168303	51.67	50924	139.97	176965	206.95	34123	28.85
1998 年	169081	53.74	40941	114.23	151162	176.88	25183	33.94
1999 年	168078	54.82	43421	144.44	141170	158.99	23691	36.57
2000 年	159640	59.76	40147	261.82	130078	193.15	20658	41.03
2001 年	163541	63.94	25531	240.02	110744	305.75	23769	44.18
2002 年	187987	69.70	29947	278.80	98740	315.01	26383	65.61
2003 年	178505	92.30	28779	208.95	86253	406.74	26741	84.51
2004 年	212867	163.30	11786	275.00	67641	507.49	26509	109.85
2005 年	204454	182.80	14426	592.51	69787	594.18	27845	158.21
2006 年	200857	219.60	19278	540.37	66177	601.06	28977	183.87
2007 年	203158	247.00	21297	601.73	62452	679.64	28369	215.68

1997～2007 年北京房地产前向关联产业产值和就业人数（4）　　表 8-5d

年　份	化　学　工　业		造纸印刷及文教用品制造业		其他社会服务业		综合技术服务业	
	在岗职工人数	行业总产值（亿元）	在岗职工人数	行业总产值（亿元）	在岗职工人数	行业总产值（亿元）	在岗职工人数	行业总产值（亿元）
1997 年	62598	99.93	68733	52.89			185079	33.36
1998 年	54800	107.28	59335	73.09			206559	40.41
1999 年	45844	121.05	57781	78.11			186885	50.58
2000 年	40530	144.17	54121	81.75			171324	51.43
2001 年	50338	132.01	54416	78.01			216889	73.85
2002 年	49622	148.40	63704	92.07			158558	85.5
2003 年	42921	271.22	63178	101.61	51751	43.60	191553	98.85
2004 年	52322	378.24	66169	110.07	64320	79.60	142161	102.16
2005 年	48654	243.91	62063	135.15	61800	84.50	158504	115.6
2006 年	40243	263.93	57909	157.86	60830	94.50	172616	137.8
2007 年	40933	322.00	57346	181.41	58592	95.60	183270	163.03

1997～2007年北京房地产前向关联产业产值和就业人数（5）　　表8-5e

年份	食品制造及烟草加工业		文化、体育和娱乐业		电气、机械及器材制造业		通用、专用设备制造业	
	在岗职工人数	行业总产值(亿元)	在岗职工人数	行业总产值(亿元)	在岗职工人数	行业总产值(亿元)	在岗职工人数	行业总产值(亿元)
1997年	30831	26.086	135412	45.00	62262	78.2219	151052	58.4704
1998年	30945	28.4155	134721	58.05	48470	77.8989	125326	64.475
1999年	43473	35.154	131871	63.86	42928	85.919	118452	114.112
2000年	35012	37.1136	134075	74.72	52772	94.4425	121270	170.959
2001年	30543	41.3879	134870	84.44	43113	122.2115	109841	164.768
2002年	28976	46.8833	135527	91.20	44217	156.2672	98967	182.769
2003年	30818	89.0293	105514	97.30	43070	146.2006	108198	241.094
2004年	35529	110.8519	121105	142.70	42931	183.2013	116277	324.877
2005年	36252	155.4736	126073	171.30	43058	222.2787	120140	469.163
2006年	32848	112.0804	122881	191.40	39679	254.6922	122150	338.225
2007年	34606	126.7645	125617	227.40	41127	266.7821	128119	309.755

1997～2007年北京房地产前向关联产业产值和就业人数（6）　　表8-5f

年份	煤炭开采和洗选业		批发和零售贸易业		金属制品业		非金属矿物制品业	
	在岗职工人数	行业总产值(亿元)	在岗职工人数	行业总产值(亿元)	在岗职工人数	行业总产值(亿元)	在岗职工人数	行业总产值(亿元)
1997年	11237	9.7216	496462	175.78	40765	53.3684	72148	132.45
1998年	13425	10.8729	420736	182.81	35233	52.9745	77843	136.497
1999年	12998	12.532	401975	186.47	30434	62.7229	62969	101.653
2000年	11899	15.7507	364093	195.79	30889	71.8249	61051	109.176
2001年	15340	25.8962	338717	213.41	31247	64.7741	68488	120.639
2002年	19872	33.2252	321785	228.35	44072	65.7102	63971	188.089
2003年	20199	54.1051	320616	248.90	42766	72.3111	61183	123.891
2004年	12311	87.8274	372022	587.80	46589	88.3036	66188	150.778
2005年	12796	117.3423	343490	654.10	39629	79.7893	57336	193.817
2006年	13432	120.1128	323341	751.90	37326	65.72	53258	182.165
2007年	13001	195.8549	347382	879.40	38095	70.3958	52935	131.469

1997～2007年北京房地产前向关联产业产值和就业人数（7）　　表8-5g

年份	金属矿采选业		卫生、社会保障和社会福利业		农业		教育事业	
	在岗职工人数	行业总产值(亿元)	在岗职工人数	行业总产值(亿元)	在岗职工人数	行业总产值(亿元)	在岗职工人数	行业总产值(亿元)
1997年	31983	7.0979	135412	29.06	5056	84.85	335765	125.83
1998年	30002	7.0477	134727	30.58	4663	86.56	329908	136.89
1999年	28764	8.0363	131871	33.59	5078	87.48	320688	139.98
2000年	22935	8.4165	135451	43.19	5209	88.97	314538	149.25
2001年	24738	8.9961	134870	51.5	5376	93.08	305279	163.67
2002年	2968	9.0197	135527	55.45	6698、	95.64	305056	219.7
2003年	2223	9.7198	130626	63.1	5398	98.05	301363	232.4
2004年	3273	10.238	146435	105.9	8933	105.39	329681	286.3
2005年	3400	11.8294	152306	116.2	7996	98	328388	315.2
2006年	3052	9.3346	158527	135.7	6693	98.8	331313	351.7
2007年	3105	9.187	163700	154.7	6495	95.5	341199	411.5

1997～2007年北京房地产前向关联产业产值和就业人数（8）　　表8-5h

年份	木材加工及家具制造业		房地产业		其他制造业		邮政业	
	在岗职工人数	行业总产值(亿元)	在岗职工人数	行业总产值(亿元)	在岗职工人数	行业总产值(亿元)	在岗职工人数	行业总产值(亿元)
1997年	19032	15.925	68851	41.20	12903	15.673	45777	45.27
1998年	17718	16.905	83622	68.30	15305	16.514	43428	51.48
1999年	17180	20.2335	89821	69.50	13543	15.254	44719	55.85
2000年	12991	23.1784	103153	77.40	16066	16.042	42757	63.37
2001年	15059	19.8267	109786	111.00	12375	19.753	43037	72.84
2002年	18189	25.2617	130481	163.10	9389	13.926	52223	84.6
2003年	18284	25.8858	150396	190.50	10735	17.207	58954	78.53
2004年	19243	30.253	191083	228.40	14221	16.614	55769	118.9
2005年	19728	38.6816	196148	455.30	9466	17.161	56494	134.9
2006年	18885	23.4569	204019	514.80	11385	12.541	58780	152.76
2007年	18235	22.2492	226351	587.60	13573	16.86	52560	167.53

1997～2007年北京房地产前向关联产业产值和就业人数（9）　　表8-5i

年份	科学研究事业		纺织业		旅游业		服装皮革羽绒及其制品业	
	在岗职工人数	行业总产值(亿元)	在岗职工人数	行业总产值(亿元)	在岗职工人数	行业总产值(亿元)	在岗职工人数	行业总产值(亿元)
1997年	172247	33.35	69687	25.8277	315112	118.83	58580	49.469
1998年	138213	40.4	48435	21.5257	329908	126.19	52389	49.854
1999年	131756	50.6	42264	39.9365	320688	149.08	49331	53.75
2000年	122506	51.4	51044	36.1319	314618	151.25	50857	58.948
2001年	103352	73.8	33225	35.5128	305279	160.27	50338	64.434
2002年	105163	85.5	45436	33.1366	310051	219.7	77893	60.462
2003年	99005.3	98.85	42827	58.4092	301849	222.8	75584	62.403
2004年	81550	92.16	34005	53.8222	329681	286.3	72947	67.148
2005年	86646.3	115.6	31495	69.2043	328388	317.2	68267	88.787
2006年	92438	137.8	26789	36.9051	334113	361.7	62409	78.592
2007年	95271	163	26543	34.2922	351119	410.5	59293	78.711

1997～2007年北京房地产后向关联产业产值和就业人数（10）　　表8-5j

年份	燃气生产和供应业		公共管理和社会组织		水的生产和供应业		非金属矿采选业	
	在岗职工人数	行业总产值(亿元)	在岗职工人数	行业总产值(亿元)	在岗职工人数	行业总产值(亿元)	在岗职工人数	行业总产值(亿元)
1997年	8102	3.1739	324848	44.22	5965	4.9251		
1998年	8270	3.6993	305769	45.10	6232	6.7495		
1999年	8486	7.5272	295817	57.90	6169	12.523		
2000年	8383	8.1596	242554	70.10	6284	14.6308		
2001年	8224	9.3585	241711	76.70	5715	13.3816		
2002年	8298	9.7489	223740	84.20	6049	13.8923	1879	2.0009
2003年	7563	12.0745	256156	96.50	6339	22.1817	1784	2.1643
2004年	6960	16.1416	267143	126.70	6484	28.7946	3421	1.9016
2005年	7083	19.1301	271994	229.20	6184	28.1726	2875	2.0292
2006年	7741	23.9602	284096	267.70	6127	23.8991	2035	1.9786
2007年	8400	27.1005	2984962	293.70	6337	27.56	1564	2.1839

资料源于：1998年～2008年《北京统计年鉴》（注：租赁和商务服务业、信息传输、计算机服务和软件业、非金属矿采选业、其他社会服务业为2002年后设置的产业类型，故北京统计年鉴中没有这两个产业2002年前的总产量及就业人数数据）。

运用弹性模型可以测算出北京房地产业前向相关产业的就业产值弹性，计算结果如表8-6所示。

房地产各个前向关联行业就业产出弹性　表8-6

产业	弹性	产业	弹性
金融保险业	35.75%	煤炭开采和洗选业	2.11%
租赁和商务服务业	29.43%	批发和零售贸易业	-9.45%
电力、热力的生产和供应业	23.28%	金属制品业	34.09%
房地产业	43.95%	非金属矿物制品业	-14.58%
信息传输、计算机服务和软件业	50.59%	金属矿采选业	-59.28%
交通运输及仓储业	60.18%	通用、专用设备制造业	-6.40%
建筑业	-44.46%	农业	86.1%
交通运输设备制造业	4.14%	教育事业	2.87%
通信设备、计算机及其他电子设备制造业	19.29%	木材加工及家具制造业	13.29%
综合技术服务业	-9.1%	其他制造业	29.55%
住宿和餐饮业	15.14%	邮政业	21.77%
石油加工、炼焦及核燃料加工业	-59.8%	科学研究事业	-39.20%
金属冶炼及压延加工业	66.48%	纺织业	-38.50%
仪器仪表及文化办公用机械制造业	5.16%	旅游业	2.71%
化学工业	14.5%	服装皮革羽绒及其制品业	34.04%
文化、体育和娱乐业	-6.44%	燃气生产和供应业	-4.31%
造纸印刷及文教用品制造业	-4.15%	水的生产和供应业	2.79%
其他社会服务业	20.53%	非金属矿采选业	-43.40%
食品制造及烟草加工业	2.95%	公共管理和社会组织	51.37%
电气、机械及器材制造业	-33.99%	卫生、社会保障和社会福利业	11.35%

表8-6中各前向关联产业就业产出弹性表示，各产业的产业产值增长率每变动1%，引起该产业就业增长率变动的百分比。

(3) 测算房地产业通过前向关联作用而产生的就业带动效应。

根据各前向关联产业就业产出弹性值（表8-6），利用房地产业对前向相关产业关联系数进行修正（表5-7），得出房地产业产业每变动1%，带动后向关联产业变动的百分比。用公式表示，即为：

房地产带动前向产业就业产量弹性（%）= 房地产前向关联系数 × 前向产业就业产量弹性（%）

表5-7列出2002年、2005年北京房地产业前向相关产业关联系数，乘以各前向相关产业就业产量弹性，得出2002年、2005年北京房地产业带动各个前向相关产业就业产量弹性，并将其进行加总，分别算出2002年、2005年北京房地产业带动前向相关产业的就业产量弹性。如表8-7所示，2002年就业产量弹性为17.77%，表示北京房地产业产值每变动1%，通过带动其前向相关产业产量变化，影响全部前向相关产业就业量变动17.77%；2005年就业产量弹性为2.48%，表示北京房地产业产值每变动1%，通过带动其前向相关产业产量变化，影响全部前向相关产业就业量变动2.48%。

房地产业对前向关联产业就业量的带动效应 **表8-7**

2002年前向相关产业关联度				2005年前向相关产业关联度			
产业类型	关联度	关联产业的就业产量弹性	房地产业的间接就业产量弹性	产业类型	关联度	对应产业的就业产量弹性	房地产业的间接就业产量弹性
金融保险业	0.2522	35.75%	9.01%	批发和零售贸易业	0.0255	-9.45%	-0.24%
房地产业	0.0869	43.95%	3.82%	租赁和商务服务业	0.0209	29.43%	0.61%
通信设备、计算机及其他电子设备制造业	0.0825	19.29%	1.59%	金融保险业	0.0187	35.75%	0.67%
批发零售贸易业	0.0746	-9.45%	-0.70%	信息传输、计算机服务和软件业	0.0180	50.59%	0.91%
综合技术服务业	0.0659	-9.06%	-0.60%	通信设备、计算机及其他电子设备制造业	0.0180	19.29%	0.35%
租赁和商务服务业	0.0645	29.43%	1.90%	综合技术服务业	0.0149	-9.06%	-0.14%
建筑业	0.0584	-44.46%	-2.60%	建筑业	0.0139	-44.46%	-0.62%
信息传输、计算机服务和软件业	0.0539	50.59%	2.73%	交通运输及仓储业	0.0068	60.18%	0.41%
交通运输及仓储业	0.0341	60.18%	2.05%	公共管理和社会组织	0.0062	51.37%	0.32%
公共管理和社会组织	0.0335	51.37%	1.72%	住宿和餐饮业	0.0059	15.14%	0.09%
住宿和餐饮业	0.0309	15.14%	0.47%	房地产业	0.0058	43.95%	0.25%
化学工业	0.0270	-14.53%	-0.39%	交通运输设备制造业	0.0049	4.14%	0.02%

续表

2002年前向相关产业关联度				2005年前向相关产业关联度			
产业类型	关联度	关联产业的就业产量弹性	房地产业的间接就业产量弹性	产业类型	关联度	对应产业的就业产量弹性	房地产业的间接就业产量弹性
通用、专用设备制造业	0.0188	-6.40%	-0.12%	旅游业	0.0049	2.71%	0.01%
教育事业	0.0188	2.87%	0.05%	其他社会服务业	0.0041	29.55%	0.12%
文化、体育和娱乐业	0.0174	-6.44%	-0.11%	文化、体育和娱乐业	0.0038	-6.44%	-0.02%
交通运输设备制造业	0.0159	4.14%	0.07%	化学工业	0.0037	-14.53%	-0.05%
科学研究事业	0.0152	-39.20%	-0.59%	电力、热力的生产和供应业	0.0037	23.28%	0.09%
食品制造及烟草加工业	0.0134	2.95%	0.04%	通用、专用设备制造业	0.0035	-6.40%	-0.02%
金属冶炼及压延加工业	0.0108	-66.48%	-0.72%	石油加工、炼焦及核燃料加工业	0.0032	-59.80%	-0.19%
石油加工、炼焦及核燃料加工业	0.0106	-59.80%	-0.63%	教育事业	0.0029	2.87%	0.01%
电气、机械及器材制造业	0.0102	-33.99%	-0.35%	食品制造及烟草加工业	0.0027	2.95%	0.01%
仪器仪表及文化办公用机械制造业	0.0093	5.16%	0.05%	科学研究事业	0.0027	-39.20%	-0.10%
非金属矿物制品业	0.0080	-14.58%	-0.12%	卫生、社会保障和社会福利业	0.0025	11.35%	0.03%
农业	0.0071	86.1%	0.61%	金属冶炼及压延加工业	0.0019	-66.48%	-0.12%
卫生、社会保障和社会福利事业	0.0064	11.35%	0.07%	仪器仪表及文化办公用机械制造业	0.0018	5.16%	0.01%
造纸印刷及文教用品制造业	0.0058	-4.15%	-0.02%	电气、机械及器材制造业	0.0018	-33.99%	-0.06%
金属制品业	0.0056	34.09%	0.19%	非金属矿物制品业	0.0015	-14.58%	-0.02%
其他社会服务业	0.0052	29.55%	0.15%	农业	0.0012	86.1%	0.10%
电力、热力的生产和供应业	0.0037	23.28%	0.09%	造纸印刷及文教用品制造业	0.0011	-4.15%	-0.0046%
服装皮革羽绒及其制品业	0.0037	34.04%	0.12%	金属制品业	0.0009	34.09%	0.03%

续表

2002年前向相关产业关联度				2005年前向相关产业关联度			
产业类型	关联度	关联产业的就业产量弹性	房地产业的间接就业产量弹性	产业类型	关联度	对应产业的就业产量弹性	房地产业的间接就业产量弹性
木材加工及家具制造业	0.0032	13.29%	0.04%	服装皮革羽绒及其制品业	0.0009	34.04%	0.03%
纺织业	0.0031	-38.50%	-0.12%	煤炭开采和洗选业	0.0007	2.11%	0.00%
旅游业	0.0026	2.71%	0.01%	其他制造业	0.0006	29.55%	0.02%
邮政业	0.0023	21.77%	0.05%	邮政业	0.0006	21.77%	0.01%
煤炭开采和洗选业	0.0018	2.11%	0.0037%	纺织业	0.0005	-38.50%	-0.02%
水的生产和供应业	0.0009	2.79%	0.0026%	木材加工及家具制造业	0.0005	13.29%	0.01%
其他制造业	0.0008	29.55%	0.02%	水的生产和供应业	0.0002	2.79%	0.0005%
燃气生产和供应业	0.0004	-4.31%	-0.0017%	燃气生产和供应业	0.00006	-4.31%	-0.0002%
金属矿采选业	0.00012	-59.28%	-0.0071%	金属矿采选业	0.00006	-59.28%	-0.0034%
非金属矿采选业	0.00008	-43.40%	-0.0036%	非金属矿采选业	0.00003	-43.40%	-0.0014%
合计	1.0656		17.77%	合计	0.21155		2.48%

通过动态比较2002年、2005年北京房地产前向关联产业就业弹性，本部分得出以下两点结论：

（1）不论2002年还是2005年，房地产业通过前向关联作用对社会就业产生的带动效应主要体现在产业链条上与房地产业密切关联的产业类型，如金融保险业、批发和零售贸易业、通信设备、计算机及其他电子设备制造业、租赁和商务服务业、信息传输、计算机服务和软件业等。

（2）2005年各前向相关产业的关联度均有下降趋势，使得各前向相关产业就业弹性变小，前向相关产业总就业弹性减弱（由17.77%降为2.48%）。究其原因，北京政府在2004年、2005年为保证北京房地产健康、良性发展，出台抑制房地产发展过快、过热的各类调控政策，如提高贷款利率、控制购买第二套住房政策、提高银行准备金等，其效用一方面使北京的产业结构逐渐趋于合理、宏观经济发展趋于正常，另一方面也在一定程度上抑制了房地产业及其相关产业的发展，削弱了房地产带动前向相关产业就业的作用。

第四节　北京房地产业对社会就业的总带动效应及主要结论

至此，基于北京市房地产业吸收直接就业和带动间接就业的量化分析，本书推导出北京房地产业对就业影响力的总效应弹性函数如下：

$$DL = L_1 + L_2 = f(I) + f_1(i_1, i_2, \cdots, i_n) + f_2(i_1, i_2, \cdots, i_n)$$

其中，DL 指房地产业总就业产量弹性；L_1 为房地产直接就业产量弹性，表示北京房地产产量每变动 1% 所带来的本产业就业量变动的百分比；f_1 是房地产业带动后向相关产业就业产量弹性；f_2 是房地产业带动前向相关产业就业产量弹性；$L_2 = f_1 + f_2$，是房地产业带动后向、前向相关产业间接就业产量弹性之和，表示北京房地产产量每变动 1% 所带来后向、前向产业就业量变动的百分比；i_1，i_2，…，i_n 表示各个相关产业与房地产业的后向、前向关联系数。表 8-8 列出 2002 年和 2005 年北京房地产业对就业影响力的总效应弹性，分别为 111.19% 和 81.34%。

北京房地产业对社会就业的总带动效应　　**表 8-8**

2002 年北京房地产业对就业影响力的总效应弹性			2005 年北京房地产业对就业影响力的总效应弹性		
房地产业直接吸纳自身就业产量弹性	2002 年后向相关产业就业产量弹性	2002 年前向相关产业就业产量弹性	房地产业直接吸纳自身就业产量弹性	2005 年后向相关产业就业产量弹性	2005 年前向相关产业就业产量弹性
67.1%	26.32%	17.77%	67.1%	11.76%	2.48%
111.19%			81.34%		

表 8-8 显示，北京市房地产业对社会就业影响力的总效应弹性呈现出下几点特征：

（1）由于我国投入产出表每五年编制一次，五年之间根据需要编制投入产出延长表，从动态角度考虑，本书只能选择 2002 年投入产出表和 2005 年投入产出延长表，揭示 2000 年至 2005 年间北京房地产业对其相关联产业的关联程度，进而揭示北京房地产业对相关产业的就业产值弹性情况。由 2002 年、2005 年北京房地产业对就业影响力的总效应弹性数值，文章计算出 2000 年至 2005 年间北京房地产业对就业影响力的总效应弹性区间范围在 81.34% ~111.19%，其中，房地产业本产业就业带动效应为 67.1%，通过产业链产生的就业带动效应为 14.24% ~44.09%，表明房地产业产值每变动 1%，直接、间接带动就业总量弹性在 81.34% 至 111.19% 之间，说明北京房地产业吸纳直接就业与引致间接就业的能力较强，对社会就业的带动效应显著。

（2）从动态变化来看，与 2002 年相比，2005 年北京房地产业后向、前向关联的产业数量，尤其是后向密切关联产业数量有了明显增长，由 11 个增为 16 个，说明随着这几年的发展，与北京房地产业后向、前向密切相关产业增多，房地产业的发展需求的产业类型增多，带动越来越多种类产业的就业发展；但是，与 2002 年相比，2005 年各相关产业的关联度均有下降趋势，使得各相关产业就业弹性变小，相关产业总的就业弹性减小，北京房地产业对各关联产业的带动作用变弱，总的产量弹性由 2002 年的 111.19% 降为 2002 年的 81.34%。究其原因，由于 2004 年政府为规范北京房地产市场健康发展，抵制房地产发展过热无序，出台了一系列抑制房价、调整住房供应结构、加强土地控制、信贷控制的调控政策，这在一定程度上削弱了房地产带动其相关产业就业的作用。

（3）从北京房地产关联产业类型上看，金融保险业、信息传输、计算机服务和软件业、租赁和商务服务业、通信设备、计算机及其他电子设备制造业是房地产业的主要关联企业，无论后向和前向关联系数值都很大，说明房地产业的发展对这些产业有较强推动作用，它们对房地产业发展的拉动作用也不容忽视，而且这些产业的就业产量弹性均为正值，说明这些产业产量增长带动就业正向增长，北京房地产业对社会就业的带动作用与这些产业息息相关。因此，正确引导房地产业对金融保险业、信息传输、计算机服务和软件业、租赁和商务服务业、通信设备、计算机及其他电子设备制造业等产业的带动作用，对促进经济发展、扩大社会就业有着重要的意义。

第九章　北京市房地产业与国民经济协调发展的调控措施

第一节　研究结论及其与产业发展过热的因果关系

一、研究结论

1. 北京市房地产业的经济效应

北京市房地产业的经济效应体现在对相关产业的带动效应和对国民经济的贡献率上。

（1）在数量上，北京市房地产业对相关产业的带动效应和对国民经济的贡献率有了量化研究结果。从产业链看，北京市42个产业中有40个产业与房地产业有关联，其中密切关联的产业有16个，金融业名列前茅。从贡献率看，房地产业对国民经济的贡献率来自于两个方面，一是房地产业本产业对国民经济的直接贡献率；二是因房地产业发展带动相关产业发展而产生的对国民经济的间接贡献率。首先，本书运用增长值法从产业增加值角度测算房地产业对国民经济的直接贡献率，采用增长拉动率法测算房地产业对国民经济的贡献百分点（即增长拉动率）；其次，文章充分考虑产业关联效应，运用投入产出法测算房地产业通过产业链产生的对相关产业的带动效应，进而测算间接贡献率；最后，测算房地产业对国民经济的总贡献率，较全面地定量分析北京市房地产业对宏观经济的贡献。测算结果显示，1999～2008年间，北京市房地产业对国民经济的直接贡献率为6.66%、间接贡献率为10.13%、总贡献率为16.79%。

（2）依据量化结果，北京市房地产业有了明确的定位，多年来的确是北京市国民经济的主导产业。

按照主导产业判别的理论标准之一，即罗斯托基准，一个主导产业需要具备：第一，自身具有较高的增长率和比较显著的规模；第二，具有较强的扩散效应，能够带动众多产业共同发展。据此标准，北京市房地产业对国民经济的贡献率高达16.79%，同时还可带动42个产业中的40个产业发展，波及范围十分广阔，加之促进社会就业的效应也十分显著，因而北京市房地产业是国民经济的支柱产业。

2. 北京市房地产业的社会效应

近年来，北京市房地产业在自然环境美化、人文环境创造与保护等方面的成效令人瞩目，特别是，北京市房地产业对社会就业的带动效应十分显著。测算结果显示，北京市房地产业对就业影响力的总效应弹性区间范围在 81.34% ~ 111.19%，其中，房地产业本产业就业带动效应为 67.1%，通过产业链产生的就业带动效应为 14.24% ~44.09%，表明房地产业产值每变动 1%，直接、间接带动就业总量弹性在 81.34% 至 111.19% 之间，说明北京市房地产业对社会就业的带动效应显著。

二、北京市房地产业作为主导产业与房地产业发展过热并无因果关系

北京市房地产业与金融业之间过高的产业关联度表明，北京市房地产业可能存在过度融资的问题，房地产价格高位运行也说明房地产业发展可能过热，但这样的结果与房地产业自身产业链长、波及范围广、对国民经济的贡献率较大的产业特征没有直接关系，也不能因此抹杀房地产业对社会就业等的显著的社会效应，更不能归咎于主导产业定位上。

相反，房地产业发展过热会影响主导产业作用的发挥，这种过热一方面表明房地产业自身处于不健康发展态势，另一方面说明在产业结构上，房地产业与金融业的产业结构有所失调。

我们认为，造成北京市房地产业发展过热在于供给、需求、政府调控等各个层面的实际操作有问题。在供给上，土地一级市场的垄断和“价过高者得”的单一出让标准使得土地价格上涨有了可能。在需求上，房地产市场的投资性需求过旺，真正的居住性需求被排挤在市场以外，由此进一步抬升了房价。在管理层面，政府在房地产市场上仍然具有举足轻重的主导地位，政府部门和房地产企业的产权主体以及房地产项目的投资主体之间有着或明或暗、千丝万缕的联系，从而使房地产市场政策性浓厚、运行机制不畅，垄断经营，房地产高价运行在所难免。

第二节 对策建议与调控措施

一、从产业定位上，应继续将北京市房地产业定位为主导产业

鉴于北京市房地产业对国民经济有较大的贡献率，特别是该产业的产业链长、带动效应大、波及范围广，加之社会就业促进作用显著，一定时间内仍应将房地产业作为北京市国民经济的主导产业来发展。但是，需要注意的是：

第一，尽管目前北京市房地产业是国民经济的主导产业，但其主导产业的定位是阶段性的。

这是因为，房地产业作为国民经济中的基础性产业是永久的、绝对的，但作为国民经济的主导产业是相对的、阶段性的。正如罗斯托在其《经济成长的阶段》一书中所论述的那样，国民经济中的主导产业会随着经济发展的不同阶段呈现交替变化的特点。这一理论与我国曹振良教授于 2001 年提出的房地产业“倒

U曲线”理论是相吻合的。所谓房地产业发展“倒U曲线”，是指一个国家或地区经济起飞时，随着人均GDP的增长，房地产业以高于人均GDP的增长速度加速增长。但是随着人均GDP的进一步提高，房地产业发展速度将逐渐放慢，直至与人均GDP增长速度相同，甚至更低，其发展轨迹呈“倒U曲线”(图9-1)。

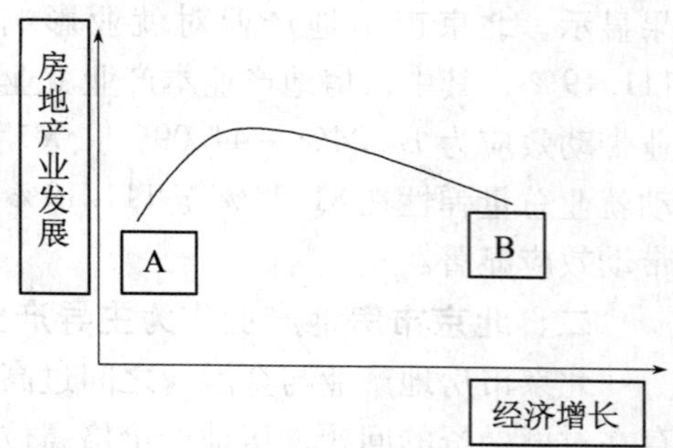

图9-1 倒U曲线示意图

在A、B两点之间，房地产业的发展速度高于国民经济的发展速度，这时房地产业不仅具有基础产业地位，同时具有主导产业地位，对经济发展能够起到较强的带动作用。“倒U曲线”理论很好地解释了房地产业作为国民经济主导产业的相对性问题。当前北京市房地产业正处于其“倒U曲线”时期，应坚定不移地将房地产业作为当前北京市的主导产业。

第二，发展主导产业不应单纯地以追求经济增长为目标，还应考虑诸如社会就业、环境效益、社会保障等问题，特别是要把增加社会劳动需求放在与经济增长同等重要的位置上。为此，面对北京市各产业劳动力市场发展差异和全社会复杂的就业局面，政府在就业方面需采取多管齐下的政策，在建立、完善现有就业社会保障制度和体系的基础上，还应增加财政、货币和税收等方面对扩大就业的支持力度，建立促进房地产业就业的统计规划体系、社会保障体系及税收政策体系。完备的统计规划体系能提高信息数据的使用效果，合理的税收政策体系可有效支持房地产业持续、良性增长和社会劳动需求的增加。

自改革开放以来，北京市经济社会发展取得了翻天覆地的变化，各项经济指标增长迅速，人均国民生产总值逐年提高，从改革开放之初的人均797美元增长到2009年的人均10070美元（表9-1）。

1978～2009年北京市人均国民生产总值汇总表 **表9-1**

年　份	人均GDP（美元/人）	年　份	人均GDP（美元/人）
1978	797	1986	821
1979	908	1987	846
1980	1009	1988	1046
1981	895	1989	1134
1982	883	1990	969
1983	983	1991	1032
1984	972	1992	1171
1985	900	1993	1389

续表

年　份	人均 GDP（美元/人）	年　份	人均 GDP（美元/人）
1994	1188	2002	3726
1995	1520	2003	4216
1996	1714	2004	4966
1997	2004	2005	5548
1998	2309	2006	6323
1999	2585	2007	7654
2000	2914	2008	9075
2010	3262	2009	10070

世界银行经济学家钱纳里等人提出的工业化阶段划分标准：工业化初期为人均 GDP1200 ~ 2400 美元，中期为 2400 ~ 4800 美元，高级阶段为 4800 ~ 9000 美元。按照这一标准，北京市 1993 年进入工业化，1993 ~ 1999 年为工业化初期；1999 ~ 2004 年为工业化中期；2004 ~ 2008 年为工业化高级阶段；2009 年起北京进入后工业化时代。北京从 1998 年即工业化中期开始轰轰烈烈的住房货币化改革，取消过去的福利分房制度，商品房开始走入人们的生活，房地产业逐渐发展壮大并开始深刻影响着整体国民经济的运行。在工业化中期的前几年，北京市房地产业处于起步阶段，产业增加值上升平稳，对国民经济的贡献率也较平稳，基本保持在 10% ~ 12%；而工业化中期的后几年，房地产业开始显现出强劲的增长势头，2003 ~ 2004 年间，产业增加值迅速攀升，从 155 亿元上升到 334 亿元，增长了一倍多，对国民经济发展的贡献作用显著。尤其是 2004 年，总贡献率高达 43.37%，这其中不免受以上所分析的政策性因素及其他因素的影响，但同时也反映出房地产业已经开始逐渐走向成熟。在工业化高级阶段，北京市房地产业处于成熟发展时期，产业增加值在更高的水平增长且增长速度明显加快，占 GDP 的比重基本保持在 6% ~ 7%，由于受国际金融危机的影响，2008 年产业增加值略有收缩，但绝对数额仍然较大，在整体国民经济中仍占有举足轻重的地位，已经发展为国民经济的主导产业并深刻影响着整体经济运行。2009 年，北京市人均 GDP 突破一万美元大关，进入后工业化时代。经济发展状况除了关注相关经济指标数值上的增长之外，还需要从人民幸福指数、生活满意度等多方面考量。在今后一段时期，我们需要更多地从民生角度发挥房地产业对国民经济及人民生活的贡献作用，通过投资兴建更多的保障性住房，满足各阶层人群的居住需求。

二、做好产业规划，建立长效机制

产业规划方面，政府应制定科学、长效的房地产业规划政策，在市场机制中引导房地产业健康稳定发展，带动社会就业增长。北京市十几年来针对房地产业发展出台了一系列宏观调控政策，旨在促进房地产业健康发展、带动经济增长、提高社会就业。但调控政策往往只具备短期性，当国民经济发展缓慢时，采取大力刺激房地产业发展政策，以带动国民经济增长，往往造成房地产业发展过快、过热，形成房地产泡沫经济；当出现房价虚高、投资过大过快情况时，又采取打压和限制房地产发展政策来调控房地产市场、平抑高房价。起伏不定的政策一方面不利于房地产业本身的发展，同时对相关产业影响较大，对社会就业起到了直接、间接的消极影响作用。因此，建议国家出台房地产业发展的中、长期产业规划，从宏观的角度，从就业保障体系的完善、金融体系的配套等各个方面做出房地产业综合性的规划，促进产业长期健康良性发展，真正成为带动国民经济发展、社会就业增长的支柱性产业。

三、稳定房地产价格，促进北京市房地产业健康发展

房地产产品的生产是为了实现其最终销售，只有所建造的房地产产品销售出去了，企业才能回笼资金、实现利润，才会形成其产业增加值，进而显现出该产业对国民经济的贡献作用。如果所建造的房地产大多未能销售，处于空置状态，则该产业将难以形成其产业增加值，其对经济的贡献也难以实现。当前居高不下的房价令许多普通消费者“望房兴叹”，始终处于观望状态，不能形成有效需求。2009 年 12 月，来自某权威调查机构的一项调查显示，当前 70% 的受访者认为北京的房价过高，难以承受。尽管目前北京的房地产市场仍处于“量价齐升”的状态，但这种高房价的局面如果继续恶化下去将直接影响房地产的销售以及房地产业的健康发展。高房价使人们开始质疑房地产业的发展是否存在泡沫，进而怀疑房地产业能否继续发挥主导产业的作用。因此，需要进一步稳定和控制房价。

北京由于其城市的特殊性，对房地产的各种需求相对旺盛，是房地产价格过快上涨的重要因素之一。政府有关部门可从税收、金融等角度考虑出台相关政策控制房价。另一方面，根据表 9-2 的信息显示，土地成本过高以及房地产开发商过高的利润率也是推高房价的重要因素。从这个方面入手，政府需要完善土地储备制度，垄断土地一级市场，合理调控土地市场供求平衡，从而抑制土地价格大幅上涨。在土地出让方式的选择上，可以考虑多采用以综合评分方式确定中标单位的招标方式，少采用以价高者得为原则的挂牌和拍卖的出让方式，避免因恶意竞争、非理性竞争而推高地价，进而推高房价。因此，目前北京市房地产市场高位运行，采取谨慎态度发展房地产业仍有重要意义，我们建议，应采取多种政策措施促进房地产业的健康发展。从供给角度，在土地一级市场上，应改变“价高者得”的单一出让指标，而应在此基础上继续增加诸如项目设计方案、出让金给付方式等多种考核指标，以避免哄抬地价；再者，在征收土地税收政策方面，应对短期内进行的土地交易征税以遏止土地投机，特别是应合理界定闲置土地，尤其应十分关注隐性闲置，对闲置土地征收土地闲置税，以防止开发商囤积居奇。

在需求角度，应继续完善审核制度、多套房屋购买时的贷款制度等，甚至可以考虑征收物业税，以抑制投机性需求；在政府监管层面，政府可以利用土地供应量来控制或激活房地产市场，例如可通过对土地的适度放量缓解土地供应紧张和价格飙升，也可通过增加保障房供给缓减供需矛盾，同时还应采取多种措施转换政府职能，以避免权力寻租等问题的产生。

我国房地产项目费用构成的国际比较 **表 9-2**

费用组成项目	中国水平	国际水平	说　明
地价和税费占住宅成本比重	30%～40%	20%	过高的地价和税费是我国住宅建设成本居高不下的主要原因
建安工程费占住宅成本的比重	40%	72%	我国建筑安装工程施工中存在着现代化程度低、施工周期长、劳动生产率低的状况，这些方面落后于国际水平
其他费用占住宅成本的比重	10%～15%	8%	其他费用是指由于信息不完全及其他非经济因素影响，房地产开发商在开发建设中必须支付的一定的交易成本
房地产开发商的投资利润率	20%～30%	6%～10%	与国际水平相比，我国房地产开发商的投资利润率明显偏高
房价收入比	9～15 倍	3～6 倍	国际公认的标准 3～6 倍，在此条件下，居民才可能有足够的支付能力购买住房。美国的房价收入比为 2.8，加拿大为 4.8，可见我国房价收入比偏高

资料来源：梁荣，《中国房地产业发展规模与国民经济总量关系研究》，北京：经济科学出版社，2005.9。

四、为主导产业发展创造良好的社会环境

产业的健康发展不仅需要有良好的经济环境，同时还需要有和谐稳定的社会环境。房地产业的发展也不例外。房地产为人们的工作、学习提供了必要场所，是人民安居乐业的必要条件，其发展关系到和谐社会的建设和保障民生工作的落实。党的十七大强调，加快推进以改善民生为重点的社会建设，必须在经济发展的基础上，更加注重社会建设，着力保障和改善民生。2009 年 12 月召开的中央经济工作会议提出了 2010 年经济工作的六大主要任务，其中之一，就是着力保障和改善民生，全力维护社会稳定。这些具体措施的提出都是为了实现社会稳定，为产业发展提供一个良好稳定的社会环境。北京作为国家首都，大量人口、资金的涌入提高了房地产的市场需求，进而推高了房价，使得社会上大量中低收入者不能通过市场配置的方式解决居住问题，进而形成社会的不稳定因素，威胁

到和谐社会的建设，不利于产业的顺利健康发展。因此，我们要充分发挥房地产业“保民生、保稳定”的社会作用，制定完善的住房保障体系，协调商品房市场与保障性住房市场的关系，在两者间找到适当均衡，进一步完善“高端需求有市场，中端需求有支撑，低端需求有保障”的多层次住房供应结构，为主导产业及整体国民经济的进一步发展创造条件。

五、优化产业结构，发挥房地产业经济和社会带动效应

产业结构优化是指产业间联系由不协调不断逐渐走向协调的合理化过程，合理的产业结构就是要使资源在满足需求的前提下得到有效配置，使各个产业间的管理比例和生产联系达到合理化状态。

产业结构优化，重点应促进与房地产业关联度密切的社会服务业、金融业、计算机软件服务等第三产业的发展，一方面这些产业与房地产业关系密切，通过发挥这些产业之间的关联效应可促进国民经济持续健康发展。特别需要考虑优化房地产业与金融业之间的产业结构，加强金融业的监管。目前我国房地产和金融业关联度偏高的一个主要原因是房地产开发商与消费者对银行贷款的过度依赖，这样从供给和需求两个方面将银行捆绑在房地产业的链条之上；针对这一问题，银行业应贯彻国家积极的货币政策，利用利率政策，降低房地产开发商对银行资金的依赖程度，以保证经济体的安全运行。另一方面，从就业角度考虑，理顺房地产业与相关产业尤其是诸如与社会服务业、金融业、计算机软件服务等第三产业的关系，对于增强社会就业的吸纳能力意义较大。因此，为这些产业的发展创造良好的产业市场环境、加强产业发展的正确引导、提高第三产业发展科技含量、提供资金、政策、人力资源引进发展的支持，对促进经济发展、增进社会就业十分重要。

主要参考文献

中 文 文 献

[1] 薄堃敏. 房地产信贷：政策、风险与结构调整［J］. 西南金融，2004（1）.

[2] 北京市统计局. 北京市统计年鉴［M］. 北京：中国统计出版社，1997~2009.

[3] 宾融. 住房抵押贷款证券化［M］. 北京：中国金融出版社，2002.

[4] 蔡晓钰，陈忠，蔡晓东. 对上海房地产在国民经济中贡献比过高的风险分析［J］. 价格理论与实践，2004（3）.

[5] 曹旭华，田霄燕. 中国房地产业对就业影响力“乘数效应”的实证分析［J］. 科技进步与对策，2003（7）.

[6] 曾康霖. 必须关注房地产经济的特殊性及其对金融的影响［J］. 金融研究，2003（9）.

[7] 陈多长. 浙江省房地产业健康发展研究［M］. 北京：中国社会科学出版社，2008.

[8] 陈学会，国森发. 中国房地产金融抑制与制度缺损［J］. 中国房地产，2005（6）.

[9] 丁行政. 中国房地产金融存在的主要问题及对策［J］. 中国房地产金融，2004（3）.

[10] 付文均，沈玉志. 我国第三产业促进就业的实证分析［J］. 科学与产业，2004（12）.

[11] 龚卿，陈碧琼. 中国房地产业发展与经济增长的动态关系分析［J］. 经济师，2006（11）.

[12] 关爱萍，王瑜. 区域主导产业的选择基准研究［J］. 统计研究，2002（12）.

[13] 国家统计局. 2002 年中国投入产出表［M］. 北京：中国统计出版社，2004.

[14] 国家统计局国民经济平衡统计司. 投入产出表的编制和应用［M］. 北京：中国统计出版社，1998.

[15] 胡鞍钢. 关于我国就业问题的思考［J］. 中外管理导报，2002（9）.

[16] 黄涛，陈良焜，王丽艳. 中国行业吸纳就业的投入产出分析［J］. 经济科学，2002（4）.

[17] 简新华. 产业经济学［M］. 武汉：武汉大学出版社，2001.

[18] 解兵，路世昌. 房地产投资对辽宁省经济的增长促进作用分析［J］. 中小企业管理与科技，2008（32）.

[19] 金一鸣，徐鑫鑫. 提高存款准备金率对房地产市场的影响及对策［J］. 辽宁工程技术大学学报，2006（11）.

[20] 孔凡文，刘宁，娄春媛子. 房地产业与相关产业关联度分析［J］. 沈阳建筑大学学报，2005（5）.

[21] 李冠霖. 第三产业投入产出分析：从投入产出的角度看第三产业的关联与产业波及特性

[M]. 北京：中国经济出版社，2002.
[22] 李建建，戴双兴. 中国城市土地使用制度改革60年回顾与展望 [J]. 经济研究参考，2009 (63).
[23] 李启明. 论中国房地产业与国民经济的关系 [J]. 中国房地产，2002 (6).
[24] 李双久. 房地产业与国民经济发展的国际比较研究 [D]. 长春：吉林大学，2007.
[25] 李铁，马宇. 对我国房地产业与国民经济投入产出的分析 [J]. 物流科技，2002 (4).
[26] 李贤沛，张冀湘. 行业经济管理学 [M]. 长沙：湖南人民出版社，1988.
[27] 李悦，李平，孔令丞. 产业经济学 [M]. 大连：东北财经大学出版社，2008.
[28] 梁荣. 中国房地产业发展规模与国民经济总量关系研究 [M]. 北京：经济科学出版社，2005.
[29] 列昂惕夫. 投入产出经济学 [M]. 北京：商务印书馆，1982.
[30] 刘洪玉，张红. 房地产业与社会经济 [M]. 北京：清华大学出版社，2006.
[31] 刘洪玉. 国际资本流动对中国房地产市场的影响 [J]. 中国房地产，2002 (2).
[32] 刘起运. 关于投入产出系数结构分析方法的研究 [J]. 统计研究，2002 (2).
[33] 刘起运. 投入产出分析 [M]. 北京：中国人民大学出版社，2006.
[34] 刘石成，吴强. 商品房价格与我国房地产业周期发展 [J]. 税务与经济，2007 (4).
[35] 刘水杏. 房地产关联特性及带动效应研究 [M]. 北京：中国人民大学出版社，2006.
[36] 刘水杏. 房地产业与相关产业关联度的国际比较 [J]. 财贸经济，2004 (4).
[37] 刘水杏. 我国房地产业与国民经济其他产业的关联度分析 [J]. 上海市经济管理干部学院学报，2003 (11).
[38] 刘玉录. 作为支柱作用的天津房地产 [J]. 中国房地产金融，2001 (10).
[39] 刘志迎，丰志培. 产业关联理论的历史演变及评述 [J]. 产业与科技论坛，2006 (1).
[40] 罗龙昌. 发展房地产业与优化产业结构 [M]. 北京：经济管理出版社，2000.
[41] 满璇，杨万荣. 北京房地产业的经济环境和地理文化因素分析 [J]. 商业时代，2009 (13).
[42] 牛凤瑞，李景国. 中国房地产发展报告（2007版）[M]. 北京：社会科学文献出版社，2007.
[43] 牛凤瑞，李景国. 中国房地产发展报告（2008版）[M]. 北京：社会科学文献出版社，2008.
[44] 牛凤瑞，李景国. 中国房地产发展报告（2009版）[M]. 北京：社会科学文献出版社，2009.
[45] 潘江红，周小斌. 房地产与金融依存度 [J]. 城市开发，2005 (4).
[46] 皮舜，鲁桂华，武康平. 中国房地产市场与金融市场关系改进的机制设计 [J]. 当代财经，2004 (11).
[47] 皮舜，武康平. 房地产市场发展和经济增长间的因果关系——对我国的实证分析 [J]. 管理评论，2004 (3).
[48] 邱强，万海远. 我国房地产业的周期运行特征 [J]. 统计与决策，2007 (2).

[49] 石志华．“九五”经济发展，谁主沉浮？[J]．中国房地产，1997（1）．
[50] 汤美莲．论房地产业的特点及其在国民经济中的地位 [J]．湖南商学院学报，1995（4）．
[51] 田光进，张增祥，周全斌，等．中国城市就业结构的特征及其演变 [J]．地理科学进展，2000（3）．
[52] 王飞，黄满盈．房地产业对经济发展促进作用的实证分析 [J]．经济学动态，2005（7）．
[53] 王国军，刘水杏．房地产业对相关产业的带动效应研究 [J]．经济研究，2004（8）．
[54] 王家庭，张换兆．房地产融资方式多元化的经济学分析 [J]．财经科学，2005（6）．
[55] 王述英，白雪洁，杜传忠．产业经济学 [M]．北京：经济科学出版社，2006.
[56] 王岳平．中国产业结构的投入产出关联分析 [J]．管理世界，2000（4）．
[57] 王志峰，黎玉柱，肖军梅．改革开放以来我国三大产业就业吸纳能力研究 [J]．新西部，2007（2）．
[58] 王重润，崔玉平．房地产业对经济增长的贡献率研究 [J]．集团经济研究，2007（11）．
[59] 武康平，皮舜，鲁桂华．中国房地产市场与金融市场共生性的一般均衡分析 [J]．数量经济技术经济研究，2004（10）．
[60] 向蓉美．投入产出法 [M]．成都：西南财经大学出版社，2007.
[61] 谢百三，王巍．我国商业银行在房地产热潮中的两难选择 [J]．国际金融研究，2005（3）．
[62] 谢经荣，朱勇．地产泡沫与金融危机——国际经验及其借鉴 [M]．北京：经济管理出版社，2002.
[63] 新京报社．北京地产十五年 [M]．北京：中国经济出版社，2006.
[64] 杨大楷，吴西燕．防范金融风险拓宽融资渠道 [J]．中国房地产金融，2004（3）．
[65] 杨建文．产业经济学 [M]．上海：上海社会科学院出版社，2008.
[66] 杨井贺，刘朝马，潘鹏．浙江省房地产开发投资与 GDP 增长的关系分析 [J]．现代商业，2007（6）．
[67] 杨小东．关于首都金融业发展策略的思考 [J]．北京市经济管理干部学院学报，2007（2）．
[68] 叶剑平，谢经荣．房地产业与社会经济协调发展研究 [M]．北京：中国人民大学出版社，2005.
[69] 易宪荣．房地产对国内金融业的依赖与影响 [J]．现代商业银行，2005（4）．
[70] 袁志刚，樊潇彦．房地产市场理性泡沫分析 [J]．经济研究，2003（3）．
[71] 张红．房地产经济学 [M]．北京：清华大学出版社，2005.
[72] 张亚雄，赵坤．区域间投入产出分析 [M]．北京：社会科学文献出版社，2006.
[73] 张亿平．我国房地产业周期波动性分析及启示 [J]．当代经济，2009（11）．
[74] 张跃庆．论北京房地产业的宏观调控 [J]．北京社会科学，2004（2）．
[75] 赵龙节，闫永涛．中美房地产业投入产出比较分析 [J]．经济社会体制比较，2007（2）．

[76] 赵龙节，张辉，张吉法．日本房地产业与国民经济周期波动对我国的启示［J］．经济科学，2007（1）．
[77] 赵玉林，张倩南．湖北省战略主导产业的选择研究［J］．中南财经政法大学学报，2007（2）．
[78] GB/T 4754—2002 国民经济行业分类代码［S］．
[79] GB/T 4754—94 国民经济行业分类代码［S］．
[80] 周京奎．信息不对称、信念与金融支持过度——房地产泡沫形成的一个博弈论分析［J］．财贸经济，2005（8）．
[81] 周震虹，王晓国，谌立平．西方产业结构理论及其在我国的发展［J］．湖南师范大学社会科学学报，2004（7）．

外文文献

[82] Allen，F. & Gorton. G，Rational Finite Bubble，NBER working paper，19 91，No. w3707.
[83] Allen，F. &Gale，D.，Bubble and Crises，working paper，The Wharton School，University of Pennsylvania，1998.
[84] Alonso，William，Location and Land Use，Carnilifornia：Harvard University Press，1965.
[85] Amoud W. A. Boot，Anjan V. thakor，security design，the jounral of fi nance，vol. 48，no. 4 (sep. 1993)，1349-1378.
[86] Carey，Mark S.，Feeding the Fad：the Federal Land Banks，Land Mark at Efficiency，and the Farm Crdit Crisis，Ph. D. dissertation，University of California at Berkly，1990.
[87] Carey，Mark S.，Feeding the Fad：the Federal Land Banks，Land Mark at Efficiency，and the Farm Crdit Crisis，Ph. D. dissertation，University of California at Berkly，1990.
[88] Edwin Deutsch，Housing and Land Supply，Journal of Housing Economics，2001.
[89] Edwin W Rubel，Karina S Cramer，Choosing axonal real estate：Location，location，location，The Journal of Comparative Neurology，2002.
[90] Guttentag J. M.，Financial Innovation to Stabilize Credit Flow to Developing Countries，Studies in Banking and Finance，1986，（3）．
[91] Guttentag J. M.，Financial Innovation to Stabilize Credit Flow to Developing Countries，Studies in Banking and Finance，1986，（3）
[92] Herring，R and S. Wachter，real estate booms and banking busts：an intenrational perspective，working paper，the Wharton School of Pennsylvania University，1998.
[93] Tchijv，Input-Output Modeling，Proceedings，L，Tomasawicz 1987.
[94] John F，McDonald，Daniel P. McMillen，“Employment Subcenters and Subsequent Real Estate Development in Suburban Chicago”，Journal of urban economocs，2000.
[95] Jure Skarabot，Securitization and Special purpose vehicle s tructure，working paper，Berkeley，April 29，2002.
[96] Kelley Pace，Ronald Barry，Spatial Statisics and Real Estate，Journal of Real Estate Finance and Economics，1998.

[97] Marcelamiozzo, Chrisivory, Restructuring in the British Construction Industry: Implications of Recent Changes in Project Management and Technology, Technology analysis&strategic management, 2000.

[98] Miles M E. Real Estate Development Principles and Process, ULI, 2000.

[99] Oliver Jones, The Development of an Effective Secondary Mortgage Market, the Jounral offinance, volume 17, issue 2 (may, 1962), 358-370.

[100] Quigley J. M, Real Estate and the Asian Crisis, Journal of Housing Economics, 2001, 10 (2)

[101] Richard J . H erring, Susan Wachter, real estate booms and banking busts: an intenrational perspective, working paper, the Wharton School of Pennsylvania University, 1998.

[102] Roehner B. M, Spatial Analysis of Real Estate Price Bubbles: Paris, 1984-1993, Regional Science and Urban Economics , 1999.

[103] Roehner B. M. , Spatial Analysis of Real Estate Price Bubbles: Paris, 1984-1993, Regional Science and Urban Economics, 1999, (29) .

[104] Roehner B. M. , Spatial Analysis of Real Estate Price Bubbles: Paris, 1984-1993, Regional Science and Urban Economics, 1999, (29)

[105] Vivienne McCabe, Career paths and labour mobility in the conventions and exhibitions industry in eastern Australia: result from a preliminary study, International Journal of Tourism Research , 2001.

[97] [illegible] Restructuring [illegible] the British Construction Industry: Implications of Recent Changes in [illegible] and Technology. Technology [illegible] Strategic Management, 200[illegible]

[98] Miles M F. Real Estate Development Principles and Process. ULI, 2000.

[99] [illegible] Monthly [illegible], Volume [illegible], 1992, 353-370.

[100] Quigley J. M. [illegible] the Asian [illegible] Journal of Housing Economics, 2001, 10(2).

[101] [illegible] and J. H. [illegible] International perspective [illegible]

[102] Roehner B. M. Spatial Analysis of Real Estate Price Bubbles: Paris, 1984-1993. Regional Science and Urban Economics, [illegible]

[103] Roehner B. M. Spatial analysis of Real Estate Price Bubbles: Paris, 1984-1993. Regional Science and Urban Economics, 1999.

[104] Roehner B. M. Spatial Analysis of Real Estate Price Bubbles: Paris, 1984-1993. Regional Science and Urban Economics, 1999, [illegible]

[105] Wu and M Chen. [illegible] International Journal [illegible] 2001.